Wickel und Auflagen

Profitip Pflege

Pflegethema: Wickel und Auflagen

Annegret Sonn

46 Abbildungen

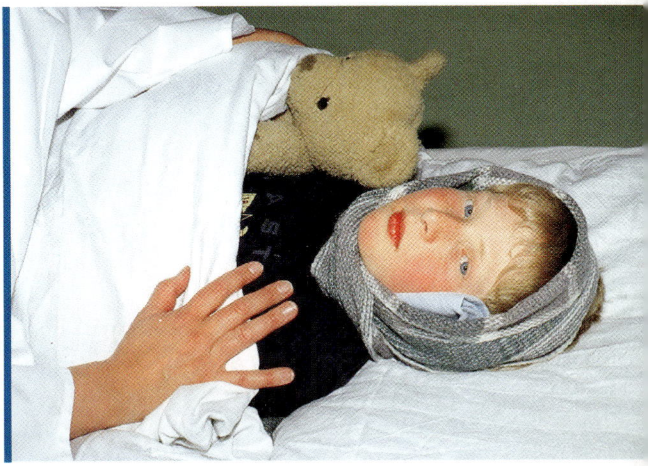

1998
Georg Thieme Verlag
Stuttgart · New York

Annegret Sonn
Beerenhalde 2
72820 Sonnenbühl

Umschlaggestaltung: Martina Berge
unter Verwendung eines Fotos von Foto Studio
Klaus Mihatsch, Berlin

Zeichnungen: Christine Lackner, Ittlingen

Printed in Germany

Satz: primustype Robert Hurler GmbH, Notzingen
Druck: Druckhaus Götz, Ludwigsburg

ISBN 3-13-111911-X

Die Deutsche Bibliothek – CIP-Einheitsaufnahme

Sonn, Annegret:
Pflegethema: Wickel und Auflagen / Annegret Sonn. – Stuttgart ; New York : Thieme, 1998
(Profitip Pflege)

Vorwort

Als ich mir Ende der 60er Jahre in meiner Kinderkrankenpflege-Ausbildung im Pflegeunterricht Seite für Seite die Wickelanwendungen notierte, die im Stationsalltag auch noch selbstverständlich durchgeführt wurden, ahnte ich nicht, daß viele Jahre später gerade Wickel und Auflagen zu einem zentralen Thema meiner Arbeit werden sollten. Im Gegenteil: damals erschienen mir diese Methoden eher altmodisch und, gemessen an den modernen medizinischen Fortschritten, nicht mehr zeitgemäß. Als kurz darauf Wickel und Auflagen ganz aus der Pflege verschwanden, vermißte ich sie zunächst nicht.

Doch im Laufe der Jahre erlebte ich in der Pflege immer häufiger die Grenzen und Nebenwirkungen von medikamentösen und medizin-technischen Behandlungsmethoden. Parallel dazu empfand ich es zunehmend als Mangel, daß ich als Pflegefachkraft bei häufig auftretenden Befindlichkeitsstörungen (wie Unruhe, Schlafschwierigkeiten, Verstopfung, Schmerzen usw.) so wenig an eigenen pflegerischen Interventionsmöglichkeiten zur Linderung anzubieten hatte. Auf meiner Suche stieß ich in der anthroposophisch orientierten Pflege wieder auf jene Methoden, die mir von früher bekannt waren. Ich erlebte, wie wohl sie den Patientinnen taten und wie befriedigend die Arbeit mit Wickeln und Auflagen auch für mich war. Seither läßt mich das Thema Wickel und Auflagen nicht mehr los.

Mein Anliegen ist es, mit diesem Buch aufzuzeigen, daß Wickel und Auflagen keine neuen „alternativen“ Pflegemethoden sind, sondern daß sie die Pflege wieder um ein Wissen und Können erweitern, das ursprünglich dazugehörte, aber zwischenzeitlich leider verlorenging. Solche Methoden sind Teil eines eigenständigen Repertoirs an pflegetherapeutischen Möglichkeiten (in Absprache mit anderen Berufsgruppen im therapeutischen Team) und somit Bestandteil einer professionellen und fachkompetenten Pflege. Dazu gehören jedoch ein umfangreiches Hintergrundwissen (Indikationen, Kontraindikationen, Wirkungsweise usw.), die praktischen Fertigkeiten und der Zugang zu Informationsquellen (Literatur, Bezugsquellen, Vernetzungen), mit deren Hilfe man sich auf einem aktuellen Wissensstand über neue Entwicklungen hält. Dazu soll dieses Buch mit einer Auswahl von solchen Wickeln und Auflagen beitragen, die im Rahmen der Pflege gut zu integrieren sind. Allerdings: einen praktischen Kurs zum Thema Wickel kann es nicht ersetzen, wohl aber effektiv ergänzen. In meiner Arbeit mit Wickeln und Auflagen habe ich selbst viel vom Wissen anderer gelernt und fühle mich diesen gegenüber zu Dank verpflichtet: unsere Vorfahrinnen, die in ihrer Zeit mit solchen, ihnen in ihrem Alltag zur Verfügung stehenden Mitteln Linderung verschafften und Heilung unterstützten – ohne diese Traditionen gäbe es vermutlich heute Wickel und Auflagen so nicht. Dank auch all jenen Kolleginnen, die in der professionellen Pflege schon vor Jahrzehnten mit diesen Methoden geschickt arbeiteten, und aus deren Wissen die ersten schriftlichen Grundlagen hervorgegangen sind, sowie den Kolleginnen in der anthroposophischen Pflege, die über die vergangenen Jahrzehnte das Wissen um Wickel erhalten und weiterentwikkelt haben und die mir viele Impulse gaben. Auch Maya Thüler und ihrem Netz von Wikkelfachfrauen in der Schweiz verdanke ich viele Anregungen. Dank auch allen, die in den letzten 10 Jahren an einem meiner Kurse über Wickel teilnahmen und deren Fragen, Ideen und Erfahrungen mich bereicherten und auf dem Boden der Pflege-Realität hielten, sowie den Verfasserinnen verschiedener Pflegefacharbeiten zum Thema Wickel. Danke auch all den Kolleginnen aus speziellen pflegerischen Fachgebieten sowie Rechtsanwalt Böhm, die mich mit ihrem Fachwissen beraten haben.

Ich wünsche allen Leserinnen und Lesern Freude und Erfolg beim Entdecken und Anwenden der Wickel!

Sonnenbühl, im August 1998
Annegret Sonn

Inhaltsverzeichnis

Zunächst zur Sprache: Es ist in der deutschen Sprache leider nicht möglich, eine Form zu wählen, in der sich Frauen und Männer gleichermaßen angesprochen fühlen können. Üblicherweise sind es die Leser*innen*, die sich als „Kollege“ oder „Patient“ usw. mitgemeint fühlen müssen und darin auch im Laufe ihres Lebens eine beachtliche Anpassungsfähigkeit entwickelt haben. Was mich dazu bewogen hat, in diesem Buch durchgängig im Personenbezug die weibliche Form zu wählen, ist zum einen die Tatsache, daß ein Großteil der Pflegenden Frauen sind und somit vermutlich auch Frauen als Leserinnen die Mehrzahl sein werden; zum anderen traue ich Männern einfach dieselbe Anpassungsfähigkeit zu, sich mitgemeint und angesprochen zu fühlen, wie es sonst für Frauen selbstverständlich angenommen wird.

Sinn, Zweck und Wirkung von Wickeln und Auflagen

Die Wirkung von Wickeln und Auflagen beruht immer auf einem Zusammenspiel mehrerer Faktoren und läßt sich weder nur mit der physikalischen Wärme-Kälte-Einwirkung noch mit der arzneilichen Wirkung eines Zusatzes erklären. Auch die psychische Komponente alleine („man muß eben dran glauben") wäre eine gar zu verkürzte und einseitige Erklärung. An dem komplexen Geschehen beteiligt sind:

- Die physikalische Wirkung von Wärme oder Kälte, die die Durchblutung in der Haut beeinflußt (meist anregend), dadurch das Stoffwechselgeschehen in einer bestimmten Körperregion verbessert und über spinale Nervenbahnen reflektorisch auch innere Organe zu beeinflussen vermag.
- Der Anreiz zur Ableitung eines Staus, einer Spannung o. ä. über periphere Reize (z. B. Fußsohlenauflage bei Kopfschmerzen).
- Die spezifische Wirkung von verschiedenen Zusätzen (Wirkstoffe von Heilkräutern, ätherische Öle, Essenzen, Lehm usw.).
- Die Zuwendung, Nähe, Berührung, mit der das Anlegen eines Wickels zwangsläufig verbunden ist, was vielen erkrankten Menschen ein Wohlgefühl, Entspannung, das Gefühl von Vertrauen („es wird etwas getan") und Geborgenheit vermittelt.
- Das Zur-Ruhe-Kommen, das zwangsläufig mit einem angelegten Wickel oder einer Auflage verbunden ist.
- Die Selbstheilungskräfte und -vorgänge im Körper, die durch Wickel und Auflagen in ihren natürlichen Reaktionen unterstützt werden (z. B. die lösende, verflüssigende und ausscheidungsunterstützende Wirkung der Zwiebel).

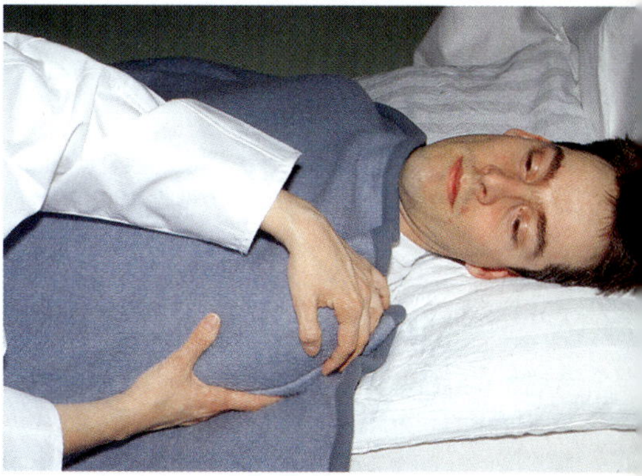

Abb. 1.**4**

- Die Stärkung anfälliger Organe und deren Funktionen, die mit Hilfe von Wickeln und Auflagen ermöglicht wird (z. B. prohylaktische Blasenkompresse bei rezidivierenden Blasenentzündungen), so daß die Organe nicht mehr so häufig erkranken.
- Die Auseinandersetzung mit dem eigenen erkrankten Körper(teil), mit Schmerzen, Mißempfindungen und Einschränkungen. Das Anlegen eines Wickels oder einer Auflage lenkt ja geradezu die ganze Aufmerksamkeit auf diesen Teil, führt dabei meist auch zu Linderung und – vielleicht wieder zum ersten Mal nach langer Zeit – zu einem Wohlgefühl. So können Wickel und Auflagen langfristig einen anderen, eigenverantwortlicheren Umgang mit dem eigenen Körper und seinen Schwachpunkten bewirken.

Grenzen und Gefahren im Umgang mit Wickeln und Auflagen

Methoden aus dem Erfahrungsschatz der Hausmittel und Naturheilkunde werden irrtümlicherweise oft als ungefährlich und nebenwirkungsfrei eingestuft und entsprechend locker und sorglos eingesetzt. Der Umgang mit Wickeln und Auflagen sollte jedoch mit großer Sorgfalt geschehen. Insbesondere in der professionellen Pflege sollte die Pflegefachkraft sich ihrer Verantwortung im Umgang mit diesen Anwendungen bewußt sein und in jeder individuellen Pflegesituation die sich anbietenden Möglichkeiten vor dem Hintergrund des Krankheitsbildes, der Befindlichkeit der erkrankten Person und ihres eigenen Fachwissens abwägen.

- Eine unsachgemäße Handhabung von Wickeln und Auflagen kann durchaus schaden (z. B. Verbrühen, unerwünschtes Auskühlen, allergische Reaktion auf (überdosierte) Zusätze).
- Eine notwendige ärztliche/naturheilkundliche Behandlung darf bei schwereren Krankheitsbildern nicht durch den Versuch verschleppt werden, etwas ausschließlich mit Wickeln und Auflagen kurieren zu wollen.
- Bestimmte Anwendungen können bei entsprechenden Krankheitsbildern oder bei bestimmten naturheilkundlichen Behandlungen (z. B. Klassische Homöopathie) kontraindiziert sein. Dies muß mit der behandelnden Therapeutin zuvor abgeklärt werden.
- Wählen Sie nicht mehr als eine, höchstens zwei verschiedene Anwendungen für eine Person. Wenden Sie diese über mehrere Tage an (ausgenommen Akutsituationen, bei denen mit wenigen Anwendungen das Übel bereits behoben ist).

! Vermeiden Sie ein sprunghaftes Herumprobieren, das Kombinieren und Häufen verschiedener Methoden, denn: Weniger bringt mehr! Der Körper wird sonst durch zu viele Reize und Anstöße überfordert.

Alle, die mit Wickeln und Auflagen arbeiten, sei es im persönlichen, familiären oder im professionellen Umfeld, sollten nicht einfach drauflos experimentieren, sondern sich von qualifizierten und erfahrenen Personen anleiten und fortbilden lassen und möglichst einen kritischen Erfahrungsaustausch mit anderen zu diesen Maßnahmen pflegen. Es ist z. B. sinnvoll, innerhalb eines professionellen Pflegeteams die Verantwortung und Qualitätskontrolle in bezug auf Wickelanwendungen speziell an eine oder zwei Mitarbeiterinnen zu delegieren. Diese tragen dann auch Sorge dafür, daß neue Aspekte und Entwicklungen in die Praxis einfließen, denn das Wissen und die Erfahrungen mit Wickeln und Auflagen entwickeln sich ständig weiter.

2 Allgemeine praktische Tips

Kleinigkeiten, praktische Tricks und Kniffe entscheiden darüber, ob Wickel und Auflagen zum gewünschten Erfolg führen, ob sie im Pflegealltag realisierbar sind und ob das Arbeiten mit solchen Methoden Spaß macht und Erfolgserlebnisse beschert.

Die Auswahl geeigneten Materials (Tücher, Zutaten usw.), vor allem unter dem Gesichtspunkt der spontanen Verfügbarkeit zu jeder Tages- und Nachtzeit, hygienische Gesichtspunkte und das Wissen, welches Material sich besser für den stationären und welches sich besser für den häuslichen Bereich eignet, sind hier grundlegend und wichtig.

Gewisse allgemeine Grundsätze und Grundregeln gelten für die Durchführung aller Wickel und Auflagen. Dazu gehören:

- Absprachen bzw. Verordnungen durch andere Berufsgruppen im therapeutischen Team (z. B. Ärzte, Physiotherapie, Ergotherapie etc.),
- die praktische Vor- und Nachbereitung der Anwendung,
- das Abschätzen des erforderlichen Zeitaufwands,
- die Bedingungen der Umgebung,
- das Schaffen einer wohltuenden Atmosphäre,
- die korrekte Entsorgung von Zutaten und Material.

Die Einführung neuer Pflegemethoden in den Stationsalltag ist zunächst immer (zeit-) aufwendig, nicht zuletzt weil sich erst mit der Erfahrung auch die nötige Routine und Geschicklichkeit einstellen. Jedoch können die Erfahrungen, die andere bereits gemacht haben, Anfängern den Einstieg in das Anwenden von Wickel und Auflagen erleichtern und eigene Fehler zu vermeiden helfen. Dazu gehören auch Tips zur Wahl relativ einfacher und erfolgversprechender Methoden, wie man Prioritäten setzt und es vermeidet, daß plötzlich alle Patientinnen auch in den Genuß einer Wickelzuwendung kommen wollen, oder wie man Kolleginnen positiv stimmen und zum Mitmachen motivieren kann.

Abb. 2.1

Das benötigte Material

Wickeltücher – rasch bei der Hand

Daß zur Anwendung von Wickeln und Auflagen eine eigens dafür angeschaffte Materialausstattung gehört, stimmt so nicht. Wickel und Auflagen haben – insbesondere in der professionellen Pflege – nur eine Chance angewendet zu werden, wenn das Material auch dann zur Verfügung steht, wenn es unvorhergesehener Weise benötigt wird – z. B. im Nachtdienst, wenn eine Person nicht schlafen kann und man statt Schlafmedikamenten lieber eine Wickelanwendung anbieten möchte.

Man kann mit den Dingen, die auf jeder Station (oder in der ambulanten Pflege in jedem Haushalt) zur Verfügung stehen, gut arbeiten: Geschirrtücher, evtl. auch Babymullwindeln, Frottiertücher (normale Größe, Bade- oder Duschtücher), Stecklaken, 1 oder 2 Gummiwärmflaschen und ein paar Mullkompressen (Abb. 2.**2**).

In Einrichtungen, in denen naturheilkundliche und physikalische Verfahren schon zum Konzept des Hauses gehören, mögen sogar richtige Wickeltuch-Sets zur Verfügung stehen.

Insbesondere in Bereichen, in denen Patientinnen für etwas längere Zeit aufgenommen sind, bitten Kolleginnen die Angehörigen, eventuell den breiten Wollschal oder die alte Stola von zu Hause mitzubringen. So wird die Anwendung auch beim stationären Aufenthalt schon mit den vertrauten, eigenen Gegenständen durchgeführt und von der Person nach ihrer Entlassung auch zu Hause weiter angewendet. In Seminaren über Wickel und Auflagen für Elterngruppen entstand die Idee, einen Korb (Köfferchen, Karton) mit Wickeltüchern zusammenzustellen – sozusagen eine kleine Wickel-Notfallapotheke –, so daß die nötigen Tücher und Utensilien im Bedarfsfall rasch greifbar sind. Wenn ein Familienmitglied Fieber, Bauchschmerzen

Abb. 2.**2**

oder Ohrenweh hat, fängt dann nicht erst die große Sucherei an.

Welche Fasern für welche Tücher?

Für das **Innentuch:** pflanzliche Naturfasern wie Baumwolle oder Leinen. Viscose ist nicht geeignet.

Seide in ihren verschiedenen Qualitäten (Rohseide, Bouretteseide, feine Seidentücher usw.) eignet sich ebenfalls gut sowohl für Innentücher (eher dünnere Gewebe) als auch Außentücher (eher stärkere Gewebe oder Seidenstrickstoffe). Jedoch ist ihre Verfügbarkeit wohl auf den häuslichen Bereich begrenzt und weniger realistisch für den stationären.

Für das **Außentuch:** Wolle oder dickes Molton (für Personen, die keine Wolle vertragen, oder im stationären Bereich aufgrund der besonderen Hygieneanforderungen).
Für ein **Zwischentuch:** Baumwolle.

! Grundsätzlich gilt: Für Wickel und Auflagen keine synthetischen Gewebe, Inkontinenzunterlagen, Gummis, Folien usw. benützen, weil sie einen Wärmestau verursachen.

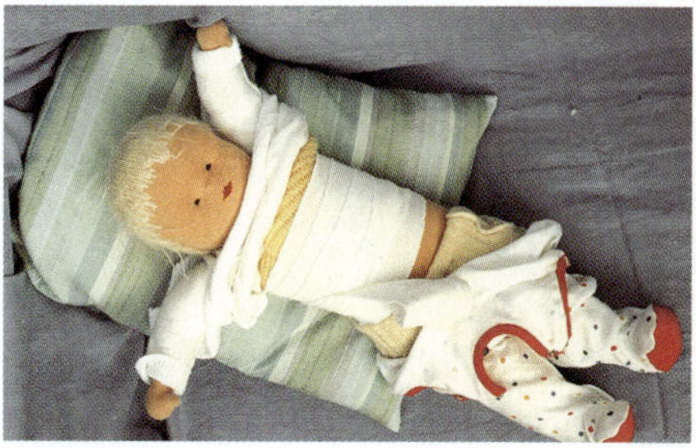

Abb. 2.**3**

Tabelle 2.1 Eigenschaften von Wolle und Baumwolle im Vergleich:

Wolle:	**Baumwolle/Halbleinen:**
• gutes Wärmehaltevermögen	• gute Wärmeableitung
• Gewebe aus Wolle bestehen zu 60% ihres Volumens aus Luft und zu 40% aus Fasern	• Baumwollgewebe bestehen zu 20% ihres Volumens aus Luft und zu 80% aus Fasern
• Fasern können bis zu $^1/_3$ ihres Eigengewichts an Wasser*dampf* in sich aufnehmen, und das Gewebe fühlt sich trotzdem von außen trocken an; Wasser*tropfen* laufen ab	• Fasern saugen Wasser auf, durchfeuchten, Gewebe wirkt eher kühl
• schlechte Keimbesiedelung	• starke Keimbesiedelung
• reagiert empfindlich auf häufiges Waschen, extreme Temperaturunterschiede beim Waschen und intensive Waschmittel. • Regeneriert gut in der frischen und etwas feuchten Luft	• koch- und bügelfest • wasch-, desinfizier- oder sterilisierbar (im stationären Bereich)
• vermag Düfte bzw. Gerüche zu binden	• nimmt Gerüche an, jedoch auswaschbar

Innentücher:

- Baby-Mullwindeln für Auflagen im Nacken, auf Brust, Rücken, Bauch oder für Wadenwickel.
- Geschirrtücher für alle Arten von Auflagen.
- Frottiertücher sind als Innentuch nicht geeignet (zu dick und zu heiß).
- Alte Bettlaken – bei Bedarf entsprechende Stücke abreißen oder -schneiden – sind besonders geeignet als Wickeltücher für Kinder oder auch als lange Tücher für zirkuläre Wickel bei Erwachsenen.
- Alte Stofftaschentücher für Quark- oder Zwiebelauflagen, Kamillensäckchen, Meerrettichauflagen, verschiedene Halswickel.
- Stoffsäckchen ca. 20 × 30 cm groß, aus dünnem Baumwoll-/Batiststoff; geeignet als Kamillen- oder Heublumensäckchen.
- Alte (Baumwoll-)Kniestrümpfe: Fußteil abschneiden, Kante befestigen – eignen sich für Wadenwickel bei „zappeligen" Kindern oder unruhigen Personen.

Maße:

Erwachsene:

- Zirkuläres Brust- oder Leibwickeltuch: 35 × 140 cm, je nach Stärke des Stoffes mindestens dreilagig, dann jedoch die 3fache Breite zuschneiden.
- Tuch für Brust- oder Bauchauflage: mehrfach gefaltete Mullwindel oder Geschirrtuch (die Wärmewirkung ist besser, wenn eher mehrere Tuchlagen und kleinere Fläche als umgekehrt).

Kinder:

Zirkuläres Brust- oder Leibwickeltuch: Breite = Maß von Taille bis unter die Ärmchen, Tuch möglichst 3fach gelegt. Länge = 1 1/2 × Brust- oder Bauchumfang.

Außentücher:

- Wollaußentuch für Brust- und Leibwickel oder -auflagen; auch als Unterlage bzw. Nässeschutz z. B. bei Wadenwickeln geeignet.
- Gestrickter Wollschal als Außentuch bei Halswickel oder Wickel um Gelenke; als Außentuch für Brust- und Leibwickel bei Kindern; zur Befestigung einer Ohrenauflage.
- Woll-Dreieckstücher besonders für Anwendungen im Schulter-/Nackenbereich.
- Alte Wollmütze (möglichst zum Binden) oder Stirnband zur Befestigung von Ohrenauflagen.
- Etwas Rohwolle oder Baumwollwatte für Ölkompressen, für Brustwickel bei kleinen Säuglingen oder für Ohrenauflagen, Stirn- und Kieferhöhlen-Anwendungen.
- Abgetragene Wollpullover oder -unterwäsche, davon Rumpfteil, Ärmel, Rollkragen etc. abtrennen, dienen als Außenwickel für Brust- und Bauchanwendungen, Gelenkwickel sowie als Stirnbandersatz bei Ohrenauflagen.
- Dusch- oder Badetuch auf entsprechende Breite falten und als Leib- oder Brustwickel-Außentuch benutzen – sollte jedoch lang genug sein, um 1–2 handbreit zu überlappen.
- Stecklaken („Durchzieher") – im stationären Bereich verwendbar als Außentuch, mindestens doppelt gelegt (längs) auf die gewünschte Breite für Leib- und Brustwickel; zum besseren Warmhalten bei Bauchauflagen in Kombination mit Gummiwärmflasche verwenden.

Maße:

Zugrundegelegt werden die Maße für das Innentuch. An den Längskanten soll das Außentuch das Innentuch um mindestens

$2^1/_2$ cm überragen. Die Länge sollte mindestens das 1,5fache des Körperumfangs betragen. Zirkulärer Brust- bzw. Leibwickel für Erwachsene: 40 × 140 cm.

▶ Dreieckstücher selbst stricken: Beginnend mit 15 Maschen (gerippt oder Perlmuster), zunächst gerades Band für 15–20 cm. Dann an einer Kante jede 3. Reihe 2 Maschen zunehmen, bis eine Breite von ca. 70 cm erreicht ist. Dann ebenso wieder abnehmen, bis 15 Maschen erreicht sind.
Nun nochmals 15–20 cm ein gerades Band stricken wie am Anfang. So kann das Dreiecks-Schultertuch mit den Bändern vorne über der Brust überkreuzt und an der Taille nach hinten geführt und gebunden werden. ◀

Zwischentücher:

Sie sind bei einigen Wickeln nötig, um z. B. ein Verfärben des (Woll-)Außentuchs durch bestimmte Substanzen (z. B. Heublumen) zu verhindern. Geeignet sind hierfür verwaschene Flanell-, Biberbettuch- oder Frottierstoffe. Auch für die Dampfkompresse wird ein Zwischentuch benötigt.

Maße:

Zwischentücher sollten mindestens so groß bis doppelt so groß sein wie das Innentuch.

Was sonst noch vorhanden sein sollte:

- 1–2 *Gummiwärmflaschen* zur Verstärkung oder Verlängerung der Wärmewirkung eines Wickels, zum Anwärmen einiger Auflagen und zum Vorwärmen benötigter Wickeltücher. Für diesen Zweck eignen sich Gummiwärmflaschen mit zumindest einer glatten Seite besser als mit Waffel- oder Lamellenstruktur.
- Auswringtuch (geeignet: Grubenhandtücher, Gerstenkorntücher oder auch Frottiertücher) zum Auswringen feucht-heißer Wickel.
- Fettdichtes Butterbrot-/Pergamentpapier, um darin eingewickelte Zwiebel- oder Ölauflagen sowie Bienenwachskompressen zwischen Gummiwärmflaschen anzuwärmen. Es kann auch Alufolie verwendet werden. Hierfür nicht geeignet: Plastiktüten, da sie Gerüche zu sehr binden.
- Schere, etwas Klebeband/Pflaster, um z. B. kleine Auflagenpäckchen (z. B. mit Meerrettich, Kamille oder Zwiebel gefüllt) zu verkleben.
- Notizen und/oder Wickel-Fachbuch zur Anleitung und zum Nachschlagen.

Zur Befestigung:
(s. auch Umschlag-Rückseite innen)

- Strumpfhose oder Schlafanzughose zur Befestigung von Auflagen im Schulter-/Nackenbereich.
- 1–2 ausrangierte elastische Binden oder Nabelbinden: Zum zusätzlichen Befestigen von Wickeln an Armen, Beinen, Gelenken, Hals oder an Brust und Bauch bei Säuglingen und Kleinkindern (s. Abb. 2.**3**).
- Baby-/Windel-Sicherheitsnadeln oder Klettverschlußband eignen sich zum Fixieren von Außentüchern bei unruhigen Personen.

Grundsätzliches zur Durchführung

- Stimmen Sie die Anwendung von Wickeln und Auflagen an einer erkrankten Person möglichst vorab mit der behandelnden Ärztin oder Therapeutin ab (dokumentieren).
- Informieren Sie vor der ersten Anwendung die Patientin über die Maßnahme, und gewinnen Sie deren Einverständnis hierzu (dokumentieren! s. a. S. 88)
- Eine gute Vorbereitung entscheidet, ob die Anwendung als gut und hilfreich erlebt werden kann und reduziert Zeitaufwand und Mühe. Dazu gehören:
  - das benötigte Material vorrichten (z. B. passende Tücher wählen in bezug auf Größe und Stoffqualität),
  - Tücher und Bett eventuell vorwärmen,
  - die Person informieren und vorher zur Toilette schicken,
  - eventuell Kreislaufkontrolle,
  - das Zimmer sollte frisch gelüftet und warm genug sein.
- Wickel oder Auflage mit Ruhe und doch flink anlegen.
- Wickel und Auflagen sollten möglichst immer mit dem Außentuch zirkulär eingehüllt und damit gleichzeitig auch gut befestigt werden. Ist dies im Einzelfall nicht möglich (z. B. schwerkranke und/oder schwierig zu lagernde Personen), muß die Auflage dennoch sorgfältig wärmend abgedeckt werden.
- Decken Sie die Person während der Wickelanwendung gut zu, insbesondere die Füße müssen warm gehalten werden. Natürlich gibt es auch Personen, die nur leicht zugedeckt sein oder die Füße unter der Decke hervorstrecken wollen – immer auf individuelle Wünsche eingehen.
- Bei manchen Anwendungen darf die Person nicht verlassen werden; grundsätzlich sollte die Klingel in Reichweite bereitliegen.
- Sorgen Sie nach Möglichkeit für eine ruhige Umgebung (kein Fernsehen, kein Telefon, eventuell Besucher rausschicken). Ein Schild an der Tür „Bitte nicht stören" (s. S. 12) leitet Putzfrau, Visite oder Besucher über das Stationszimmer oder den Pflegestützpunkt um.
- Wählen Sie möglichst eine günstige Tageszeit für die Anwendung, so daß ein Wickel und die dazugehörige Nachruhe nicht mit Terminen für Diagnostik und Therapie kollidieren. Günstig scheint im allgemeinen die Zeit nach dem Mittagessen oder abends.
- Hilfreich ist es für manche, wenn sie während der Anwendung kleine Beobachtungsaufgaben hinsichtlich der Wirkung gestellt bekommen (wie z. B. der Intensität oder der Ausbreitung der Wärme nachzuspüren oder auf sonstige Empfindungen wie z. B. Kribbeln oder Schwitzen zu achten). Eine solche kleine Aufgabenstellung fördert die Selbstwahrnehmung und auch das „Bei-sich-sein", die Konzentration während des Wickels (s. S. 94).
- Das Befinden der Person selbst entscheidet im allgemeinen, wie lange der Wickel angelegt bleibt: deshalb gute Beobachtung und Nachfragen. Wenn eine Anwendung als nicht angenehm empfunden wird, ja Mißempfindungen, Schmerzen usw. auslöst oder verstärkt, muß der Wickel oder die Auflage sofort entfernt und die Person weiter beobachtet werden.
- Beim Entfernen eines Wickels, einer Auflage rasch arbeiten, gut nachtrocknen und wieder warm und trocken einhüllen.
- Wenn eine Wickelanwendung bei der betreffenden Person zu starkem Schwitzen geführt hat, darauf achten, daß ausreichend zu trinken angeboten wird. Eventuell eine erfrischende Waschung anbieten (darf jedoch nicht wärme- oder kräftezehrend

sein) und frische Wäsche/Kleidung bereithalten.

- Bei besonders empfindlicher Haut oder dem wiederholten Gebrauch hautreizender Substanzen ist die anschließende Hautpflege mit einer Körperlotion oder einem Körperöl auf Pflanzenölbasis ratsam (möglichst ohne zugesetzte Wirk- und Duftstoffe).
- Mindestens 15 Min. nachruhen lassen – oft wird die Wirkung erst dann voll spür- und genießbar.

! Das Eingehülltsein und Nachruhen nach einem Wickel oder einer Auflage ist so wichtig für die Gesamtwirkung wie das Einwirken des Wickels selbst!

- Meist reicht eine Anwendung pro Tag. Sie sollte dann aber für eine gewisse Zeitspanne (wenige Tage bis Wochen) „kurmäßig" durchgeführt werden – mit Ausnahme von Anwendungen bei vorübergehend akuten Beschwerden (z. B. Thrombophlebitis, Harnverhalten usw.)
- Wer Wickel und Auflagen an anderen anwendet, sollte die Wirkung möglichst schon einmal an eigener Haut erlebt haben, am besten im Rahmen eines „Wickelkurses".
- Wickelzutaten, wie Kartoffeln, Leinsamen, Quark etc., müssen insbesondere bei Vorliegen von akut-entzündlichen Prozessen mit dem Restmüll entsorgt werden. Das heißt insbesondere für den häuslichen Bereich, diese Materialien weder auf den Kompost zu geben noch Haustieren zu verfüttern, sonst würden diese u. U. davon krank.

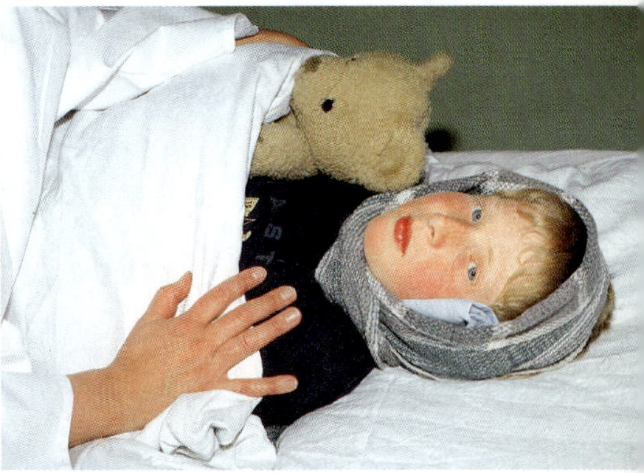

Abb. 2.**4**

Psst! Nicht stören - Wickelanwendung

Tips für Anfänger zur praktischen Umsetzung von Wickeln und Auflagen im Pflegealltag

- Beginnen Sie mit *einer* Methode (einem Wickel oder einer Auflage).
- Wählen Sie eine Methode aus, die einfach zu machen ist, mit wenigen und leicht zu beschaffenden Materialien und Zutaten (z. B. feucht-heiße Wickel, Ölkompressen, Quarkauflagen).
- Probieren Sie anfangs die Methode bei Personen aus, die kooperativ sind und bei denen die Chancen gut sind, daß die Maßnahme Erfolg hat.
- Sichtbarer Erfolg und zufriedene, überzeugte Patienten überzeugen dann auch skeptische Kolleginnen.
- Dokumentieren Sie die Verordnung von Wickeln und Auflagen sorgfältig – auch das Ergebnis!
- Erst wenn mit einer Methode genügend Erfahrung und Routine aufgebaut wurde, kann diese Maßnahme auch bei erkrankten Personen mit schwierigeren Voraussetzungen ausprobiert werden.
- Machen Sie nie eine Anwendung gegen den ausdrücklichen Willen einer Ärztin, auch nicht „heimlich".
- Wenn einer Person eine Anwendung besonders gut bekommt, gibt es rasch eine Reihe anderer, die auch in den Genuß dieses Wickels oder jener Auflage kommen möchten – verständlicherweise! Handhaben Sie Wickel und Auflagen von Anfang an als speziell pflegerische Anordnung, die an-, aber auch wieder abgesetzt wird und nicht automatisch allen als Teil eines fürsorglichen Services zusteht.
- Versuchen Sie nicht, auf geradezu missionierende Art ihre Kolleginnen für Wickel und Auflagen begeistern zu wollen. Sprechen Sie es mit den Kolleginnen ab, wenn Sie selbst neue Möglichkeiten ausprobieren und das vielleicht bei einer Wickel-Fortbildung Gelernte umsetzen möchten. Machen Sie es offen und durchsichtig für die anderen, ohne von ihnen zu verlangen, daß sie gleich voll und ganz mitziehen müssen. Machen Sie erst selbst ihre Erfahrungen, dokumentieren Sie diese klar – die Neugierde bei anderen stellt sich dann von selbst ein.
- Sollten Sie bei der Beschaffung von irgendwelchen Wickelzutaten im stationären Bereich anfänglich Schwierigkeiten haben, überlegen Sie sich, ob es noch eine andere Wickelalternative gibt (z. B.: Muß es ein Wickel mit Zusatz sein oder bringt ein Wickel „nur" mit Wasser eventuell den gleichen Erfolg?). Wenn Sie bei der zunächst angesetzten Anwendung bleiben wollen, versuchen Sie, die Unterstützung der Stations-, Abteilungs- oder Pflegedienstleitung zu gewinnen. Bitten Sie diese, sich für Sie in der Zentralapotheke, der Küche oder anderen Beschaffungsdiensten einzusetzen. Informieren Sie die dortigen Kolleginnen klar über ihr Vorhaben, um jegliches Mißtrauen auszuschließen und Verständnis zu gewinnen.
- Manchmal kann es auch eine vorübergehende Lösung sein, Angehörige zu bitten, doch einmal einen entsprechenden Zusatz (z. B. ein Öl oder eine Bademilch) selbst mitzubringen. Vorübergehend können Sie so eine institutionsbedingte Lücke überbrücken, dadurch Erfahrungen überhaupt erst machen und Erfolge demonstrativ nachweisen, was dann häufig die Zutatenbeschaffung deutlich erleichtert. Vergessen Sie aber nicht, das Selbstgekaufte bei der Entlassung nach Hause mitzugeben!

Abb. 2.**5**

Sind Wickel zu zeitaufwendig?

- Einfache Maßnahmen auswählen (z. B. feucht-heiße Anwendungen, Ölkompressen, Quarkanwendungen).
- Die Patientinnen selbst oder deren Angehörige mit einbeziehen (nach einer Anfangsphase und einer guten Einführung soviel wie möglich selbst machen lassen, jedoch dabei immer begleitend am Geschehen bleiben, indem Sie nachfragen, ob's klappt, ob's gut tut etc.).
- Ein Wickel selbst kann durchaus nur kurz angelegt sein (z. B. feucht-heiße Wickel und Auflagen wenige Minuten) und dennoch eine deutliche Wirkung haben, vorausgesetzt, das nochmalige Einhüllen und Nachruhen wird eingehalten (wozu aber die Pflegekraft nicht mehr anwesend sein muß).
- Beobachtungen im Stationsalltag zeigen, daß Patientinnen, die einmal über eine Wickelanwendung intensivere Zuwendung bekommen haben, hinterher zufriedener sind und weniger klingeln als man sonst von ihnen gewohnt ist.

3 Heiße Wickel und Auflagen (Intensive Wärmeanwendungen)

Mit intensiven Wärmeanwendungen lassen sich viele alltägliche Beschwerden und Befindlichkeitsstörungen lindern und Heilungsprozesse unterstützen.

Heiße Wickel bewirken auf eher passive Weise eine zunächst lokale, periphere Gefäßerweiterung und verstärkte Durchblutung. Dadurch verbessert sich die Stoffwechselaktivität, und es kommt zur Entkrampfung und Entspannung. Die intensive Wärme selbst (z. B. der aufgelegten heißen Kartoffeln) dringt nicht bis zu inneren Organen durch, sie bleibt relativ oberflächlich. Über eine lokale Anregung bestimmter Hautsegmente können jedoch über spinale Reflexbahnen auch innere Organe beeinflußt werden.

Intensive Wärmeanwendungen werden im allgemeinen eingesetzt bei:

- Chronisch-entzündlichen Prozessen,
- Verspannungen,
- Schmerzen, bei denen in der entsprechenden Körperregion eher ein Kältegefühl vorherrscht und Wärme als wohltuend und lindernd empfunden wird.

Je nach Lokalisation der Anwendung können auch ganz spezifische Wirkungen erzielt werden.

Intensive Wärmeanwendungen sind zu vermeiden bei:

- Akuten Entzündungen,
- Verdacht auf innere Blutungen,
- ausgeprägten Krampfadern,
- Durchblutungsstörungen aufgrund verengter Gefäße,
- wenn eher ein Bedürfnis nach Kühlung besteht und Wärme als die Beschwerden verschlimmernd erlebt wird,
- nach frischem Trauma (Hämatom- und Ödembildung).

Bei Herzkranken und Patientinnen mit Bluthochdruck sollten vor allem zirkulär um das Körperzentrum (Brust, Bauch) angelegte Wickel vermieden bzw. nicht ohne vorherige ärztliche Rücksprache durchgeführt werden. Anwendungen in der Körperperipherie dagegen können sogar kreislaufentlastend sein. Bei Hypotonikerinnen kann eine intensive Wärmeanwendung eher zu Kreislaufschwäche oder Schwindel führen.

Bei folgenden Personen(gruppen) sollten heiße Kartoffelauflagen gemieden und intensive, feucht-heiße Wärmeanwendungen nur mit besonderer Vorsicht hinsichtlich der Wärmeprüfung eingesetzt werden:

- Personen mit reduzierter Reaktionsfähigkeit (Bewußtlose, Verwirrte, Gelähmte, bei Sensibilitätsstörungen infolge langjähriger Zuckerkrankheit oder eines Schlaganfalls),
- Personen mit arteriellen Durchblutungsstörungen,
- Säuglinge und Kleinkinder,
- hochbetagte Menschen.

Die feucht-heißen Wickel und Auflagen sind jederzeit und überall einzusetzen, weil man die Grundzutaten (Tücher, heißes Wasser) stets zur Verfügung hat – ob mitten in der Nacht oder tagsüber, ob auf Station, zu Hause oder unterwegs auf Reisen.

Kartoffelauflagen sind im stationären Bereich sicherlich nicht so spontan einzusetzen wie zu Hause. Heublumen oder Leinsamen müssen zwar zuerst besorgt werden, aber dies ist über jede Apotheke möglich und dann können auch diese rasch eingesetzt werden.

Feucht-heiße Wickel und Auflagen

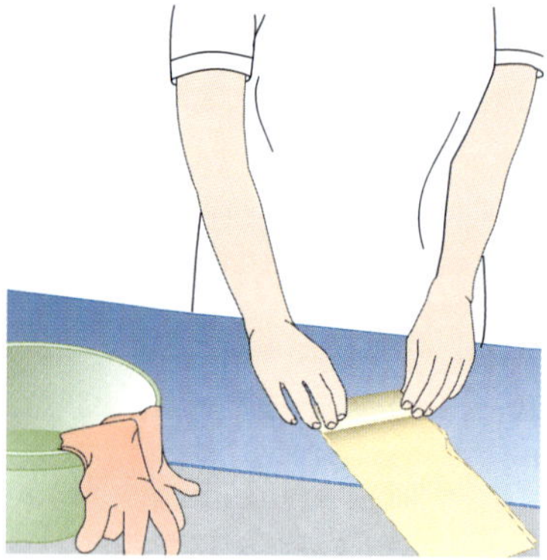

Abb. 3.**1 a**

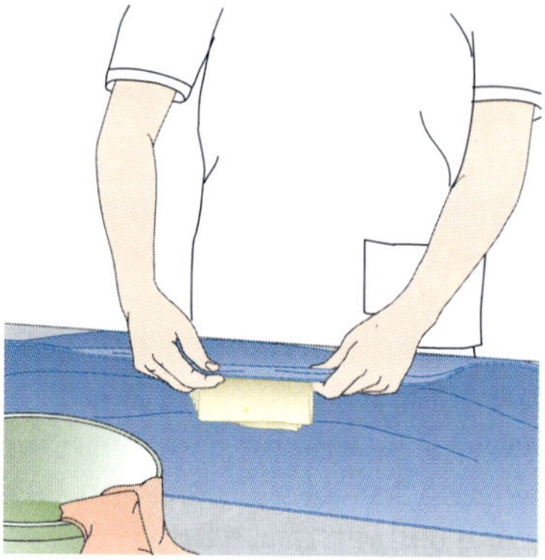

Abb. 3.**1 b**

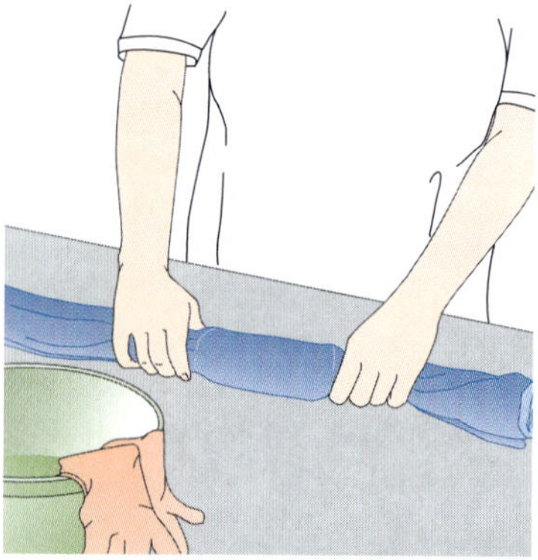

Abb. 3.**1 c**

Abb. 3.**1 d**

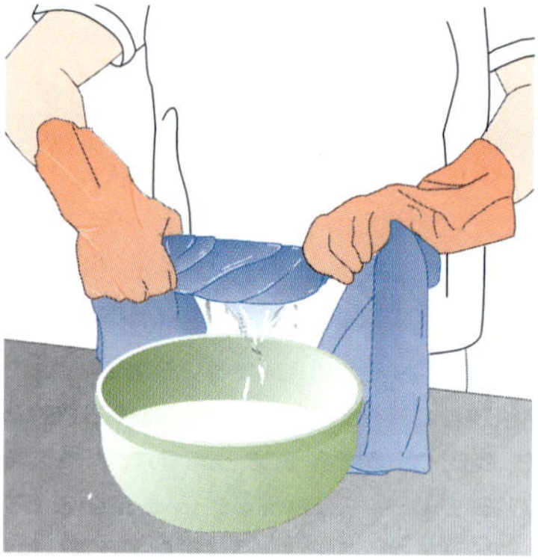

Abb. 3.**1 e**

Abb. 3.**1 f**

Feucht-heiße Wickel und Auflagen

Der Handlungsablauf für alle feucht-heißen Wickel und Auflagen, ob Gelenkwickel, Bauch-, Nieren- oder Brustauflage, ist im Grunde weitgehend derselbe. Deshalb zunächst Grundsätzliches zur Zubereitung und daran anschließend Hinweise auf Besonderheiten in der Zubereitung je nach Lokalisation.

Material:

- Schüssel mit 1 l (kochend-)heißem Wasser,
- 1 Geschirrtuch oder 1 Mullwindel,
- 1 Außentuch (z. B. entsprechend breites Woll- oder Moltontuch oder Frottierhandtuch),
- 1 zusätzliches Handtuch als Auswringtuch,
- eventuell Haushaltshandschuhe.

▶ Verwenden Sie kein Innentuch, das noch von der letzten Wickelanwendung feucht ist – es nimmt das heiße Wasser nicht gut auf, weil es noch von (abgekühlter) Feuchtigkeit gesättigt ist. ◀

Durchführung (Abb. 3.1 a–g):

Innentuch auf die gewünschte Form und Größe zurechtfalten, aufrollen, längs auf das auseinandergefaltete Auswringtuch legen und in diesem zu einer Rolle einwickeln. Nun einen Liter sehr heißes Wasser in die Schüssel gießen, die Rolle eintauchen und vollsaugen lassen. Dann die Rolle sehr kräftig auswringen, denn je weniger naß das Innentuch ist, desto heißer wird es auf der Haut vertragen und desto besser hält es die Wärme.

▶ Die Auswring-Rolle um einen Wasserhahn wickeln, die Enden kräftig umeinander verdrehen; dadurch entsteht ein intensiver Druck, der das Wasser aus der Rolle quetscht (Abb. 3.**1 f**). ◀

! Wenn Sie zum Auswringen ein paar Haushaltshandschuhe benutzt haben (fühlt sich dann nicht so heiß an), vergessen Sie nicht, diese vor dem Anlegen des Wickels auszuziehen, damit Ihr eigenes Empfinden für die Intensität der Wärme nicht getäuscht wird.

Damit es bis zum Anlegen intensiv warm bleibt, lassen Sie das Innentuch noch im Auswringtuch eingewickelt, und nehmen Sie es so mit ans Bett. Somit können Sie den Wickel nämlich an einem sicheren Platz zubereiten, und die Schüssel mit dem sehr heißen Wasser gefährdet niemanden (z. B. in der Küche oder im Arbeitsraum).

Bei der Person die Innentuch-Rolle auspakken und die zunächst – noch sehr heiße – Temperatur am eigenen Handgelenk (Pulsseite) prüfen (Abb. 3.**1 g**).

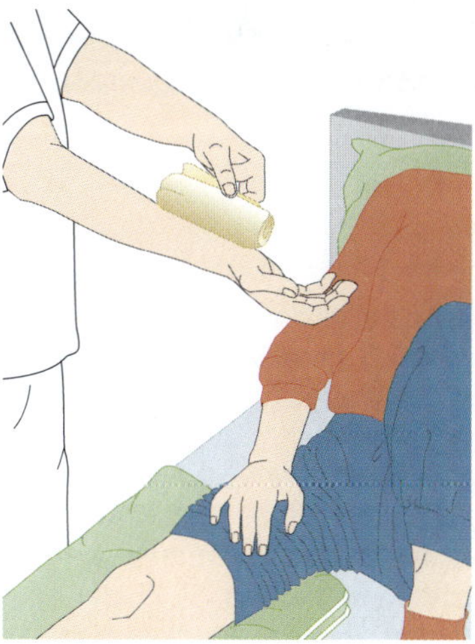

Abb. 3.**1 g**

Sobald Sie meinen, daß die Temperatur auch für die Person verträglich sein könnte, testen Sie dies vorsichtig an deren Körper. Wenn die Wärme gut vertragen wird, können Sie das Innentuch auflegen und je nach Körperteil gut anmodellieren (je satter das Innentuch anliegt, desto besser hält die Wärme), dann das Außentuch rasch und dicht darüberwickeln. Nochmals rückversichern, daß die Anwendung für die Person gut verträglich ist. Wenn es sich unter dem Anwickeln der Tücher doch noch als zu heiß erweist, müssen die Tuchschichten nochmals für wenige Augenblicke gelockert werden. Das Außentuch muß letztendlich die Innentuchränder gut und dicht abdecken, damit keine Kältezonen entstehen. Dann das Ende des Außentuchs feststecken und die Person so zudecken, wie sie es als angenehm empfindet.

! Für Personen, die durch intensive Wärmeanwendungen möglicherweise gefährdet sind, wird kein kochend heißes, sondern nur so heißes Wasser verwendet, daß man selbst gerade noch mit bloßen Händen hineinfassen kann. Dann die Wärmeverträglichkeit besonders gut testen: Man muß die heiße Tuchrolle für 1–2 Min. an die Pulsseite des eigenen Handgelenks gepreßt gut vertragen.

Anwendungsdauer:

Feucht-heiße Wickel und Auflagen bleiben grundsätzlich so lange angelegt, wie es die Person als angenehm empfindet. Deshalb vorher absprechen, daß sie sich entweder meldet (Klingel bereitlegen!), um das Innentuch abgenommen zu bekommen oder dies selbst tut. Es ist vollkommen ausreichend, wenn das Innentuch ca. 5–15 Min. als warm empfunden wird und angelegt bleibt. Wichtig ist, daß es ein intensiver Wärmereiz war, der den Körper zur eigenen deutlichen Wärmereaktion angeregt hat.

Nachbereitung:

Nach dem Entfernen des feuchten Innentuchs die Haut gut abtrocknen, Wäsche oder Kleidung glatt darüberziehen, nochmals über der Kleidung mit dem Außentuch umhüllen und wieder zudecken. Falls das Außentuch durch die Anwendung ein bißchen feucht geworden ist, muß es durch ein trockenes ersetzt werden.

Danach sollte die Person noch mindestens 15 Min. nachruhen und der (Wärme)Empfindung im Körper „nachlauschen“. Dabei wird häufig die wärmende, entspannende und wohltuende Wirkung nochmals so richtig wahrgenommen.

Nicht die Dauer, wie lange das Innentuch warmgehalten hat, ist entscheidend, sondern der Wärmeimpuls und insbesondere das Nachruhen und nochmalige, trockene Einwickeln. Ein feucht-heißer Wickel braucht nicht mehrmals hintereinander wiederholt zu werden. Einmal täglich (aber gut und unter günstigen Bedingungen) angelegt, lieber über mehrere Tage wiederholt, bringt mehr.

Feucht-heißer Gelenkwickel

Indikationen:

- Kühle, steife, schmerzende Gelenke (chron. Entzündung, Arthrose),
- zur Vorbereitung und Unterstützung von Bewegungsübungen,
- bei beginnender Sehnenscheidenentzündung und Tennisellbogen.

Kontraindikationen:

- akute Entzündung,
- ausgeprägte Krampfadern,
- Durchblutungsstörungen (Arteriosklerose),
- chronische Polyarthritits.

Material:

S. Abschn. „Feucht-heiße Wickel, S. 17. Als Außentuch besonders geeignet ist hier ein gestrickter, wärmender Schal. Am besten diesen schon vorab aufrollen, damit nachher beim Anwickeln keine Verzögerung entsteht.

Durchführung:

S. Abschn. „Feucht-heiße Wickel", S. 17. Es empfiehlt sich beim Anlegen des feucht-heißen Innentuchs die Wärme an den Gelenk-Beugeseiten zuerst zu testen und hier mit dem Anwickeln zu beginnen, da sie besonders hitzeempfindlich sind. Wenn die Temperatur hier vertragen wird, kann man meist (bei guter Verträglichkeit) zügig das ganze Gelenk umwickeln.

Anwendungsdauer:

So lange, wie es die Person als warm und angenehm empfindet.

Möglicher Zusatz:

- Heublumen (Flores graminis)

So wird die Wickellösung mit Zusatz hergestellt:

6 Eßl. Heublumen in einem kleinen Gefäß mit 1/2 Liter kochendem Wasser übergießen, 5–10 Min. ziehen lassen, durch ein Sieb in die Schüssel abgießen, noch 1 Liter kochendes Wasser zugießen.

Feucht-heiße Bauchauflage

Indikationen:

- Bauchschmerzen durch Blähungen und Verkrampfungen,
- Dreimonatskrämpfe (Säuglinge),
- Menstruationskrämpfe,
- zur Unterstützung der Leberfunktion (nach Hepatitis od. während des Heilfastens),
- Gallenkolik,
- Blasenentzündung,
- Verstopfung,
- Durchfall (Reizdarm),
- Nervosität,
- Unruhe,
- Schlafstörungen.

Kontraindikationen:

- Durchfall mit Fieber,
- Blinddarmentzündung (Wärmeanwendung ist dann unerträglich),
- Bauchspeicheldrüsenentzündung.

Je akuter die Bauchschmerzen und Beschwerden, desto wichtiger ist eine vorherige Abklärung mit der behandelnden Ärztin.

Material:

S. Abschn. „Feucht-heiße Wickel", S. 17. Als Außentuch eignet sich ein besonders breiter Schal oder ein auf Unterleibsbreite gefaltetes Badetuch oder Molton. Zusätzlich wird noch eine Gummiwärmflasche benötigt.

Durchführung:

Das Außentuch wird vorab unter dem Unterkörper der Person im Bett bereitgelegt (Abb. 3.**2a**). Die Wärmflasche heiß, aber flach füllen. Dann das Innentuch in Bauchformat zurechtlegen, es sollte möglichst 4–6fach gelegt sein. Dann weiter wie Abschn. „Feucht-heiße Wickel", S. 17.

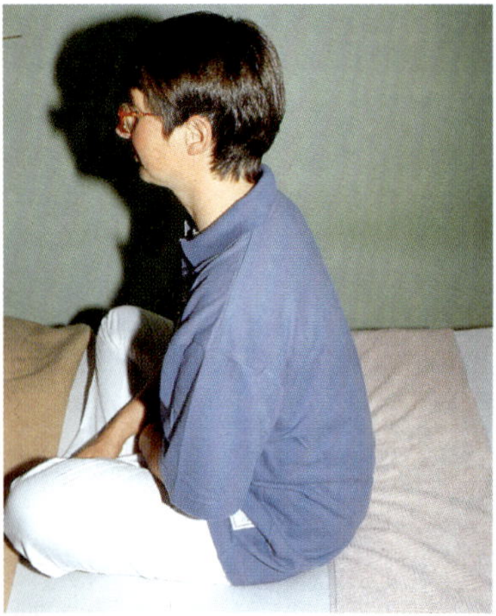

Abb. 3.**2 a**

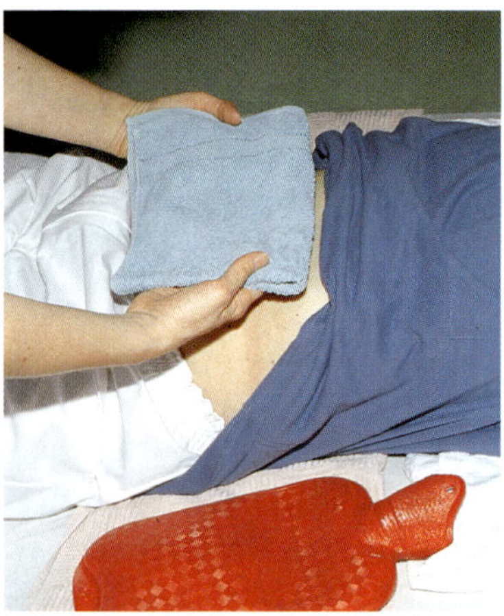

Abb. 3.**2 b**

Das Innentuch wird beim Anlegen so in den eigenen Händen gehalten, daß es mehrmals kurz auf die Bauchhaut gelegt werden kann, um die Wärmeverträglichkeit zu prüfen, aber sofort wieder abgehoben werden kann, wenn es noch zu heiß sein sollte (Abb. 3.**2 b**). Sobald die Wärme gut vertragen wird, alles ganz flink anwickeln, um unnötigen Wärmeverlust zu vermeiden (Abb. 3.**2 c**).

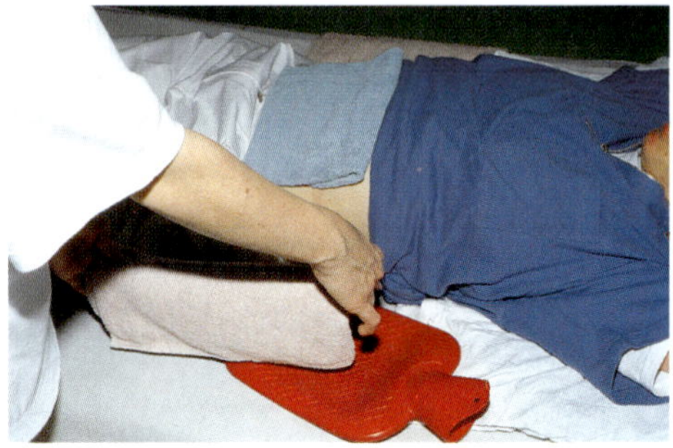

Abb. 3.**2 c**

Je nach Indikation kann die Auflage mehr auf der Leberregion oder dem Unterbauch bzw. der Blasenregion angelegt werden.

Die Wärmflasche kann außen auf das Außentuch aufgelegt werden, um die Wärmewirkung länger andauern zu lassen (Abb. 3.**2 d**). Wenn die Wärmflasche auf dem Bauch als unangenehm oder zu schwer empfunden wird, kann man sie auch weglassen oder auf Wunsch lieber an die Füße legen.

! Die Wärmflasche nie direkt auf das Innentuch auflegen – dies kann zu Brandblasen auf der Bauchhaut führen.
Während einer Bauchauflage-Anwendung trägt eine Rolle unter den Knien zur besseren Entspannung bei.

▶ Patientinnen, die nach Bauchoperationen unter starken Blähungen und Krämpfen leiden, profitieren sehr von einer feucht-heißen Anwendung. Hier empfiehlt es sich, statt auf dem Bauch, die Auflage im Lenden-Sakral-Bereich anzulegen (bzw. die Person auf die feucht-heiße Kompresse zu legen). Die hier verlaufenden Spinalnerven bewirken eine Entkrampfung im Becken und Bauchraum. Dies ist auch für Schwangere oder für Personen, die am Bauch sehr berührungs- und druckempfindlich sind, die angenehmere Variante. ◀

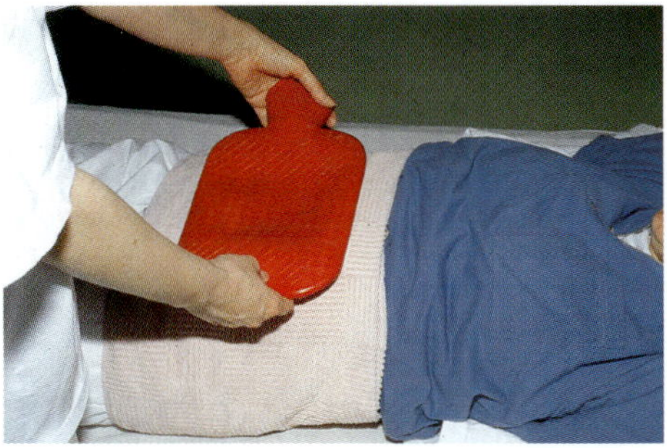

Abb. 3.**2 d**

Anwendungshäufigkeit:

1 × täglich, für mehrere Tage oder kurmäßig für 2–3 Wochen.

▶ Bei Verstopfung(sneigung) empfiehlt es sich, eine feucht-heiße Bauchauflage „kurmäßig" über 2–3 Wochen 1 × täglich anzuwenden – auch an Tagen, an denen die Person den Darm entleeren konnte. ◀

Mögliche Zusätze:

- Schafgarbenkraut *(Millefolii herba)*:
  - für Leber und Galle,
  - Menstruationsbeschwerden.
  - Kamillenblüten *(Chamomillae flores)*:
  - Bauchschmerzen,
  - Blähungen,
  - zur Entkrampfung.

So wird die Wickellösung mit Zusatz hergestellt: 6 EL Schafgarbenkraut oder Kamillenblüten in einem kleinen Gefäß mit ½ Liter kochendem Wasser übergießen, 5 Minuten ziehen lassen, durch ein Sieb in die Schüssel abgießen, noch 1 Liter kochendes Wasser zugießen.

- Lavendel- oder Fichtennadel-Bademilch (von Weleda):
  - Unruhe,
  - nervöse Überreiztheit,
  - Schlafstörungen.

So wird die Wickellösung mit Bademilch-Zusatz hergestellt: Auf 1–2 Liter heißes Wasser 1 Verschlußkappe voll Bademilch.

Feucht-heiße Brustauflage

Indikationen:

- Zur Atemunterstützung (Pneumonieprophylaxe),
- trockener Husten,
- Bronchitis.

Kontraindikationen:

- Fieber,
- allgemeine Schwäche der erkrankten Person,
- starke Herz- und Kreislaufbeschwerden.

Material:

S. Abschn. „Feucht-heiße Wickel", S. 17. Als Außentuch kann ein besonders breiter Schal oder ein auf Oberkörperbreite gelegtes Badetuch bzw. Molton dienen.

Durchführung:

Das Außentuch wird vorab unter dem Brustkorb der Person im Bett bereitgelegt. Dann das Innentuch auf ca. 20 × 20 cm zurechtlegen, es sollte möglichst 4–6fach gelegt sein. Dann weiter wie Abschn. „Feucht-heiße Wickel", S. 17. Je nach Wunsch kann die Auflage auf die Brust oder im Rücken zwischen die Schulterblätter gelegt werden.

Das Innentuch wird beim Anlegen so in den eigenen Händen gehalten, daß es mehrmals kurz auf die Haut an Brust oder Rücken aufgelegt werden kann, um die Wärmeverträglichkeit zu prüfen, aber sofort wieder abgehoben werden kann, wenn es noch zu heiß sein sollte. Sobald die Wärme gut vertragen wird, alles ganz flink anwickeln, um unnötigen Wärmeverlust zu vermeiden (Abb. 3.**3 e** u. **f**).

Um eine freie Atmung zu unterstützen ist es meist sinnvoll, den Oberkörper erhöht zu lagern.

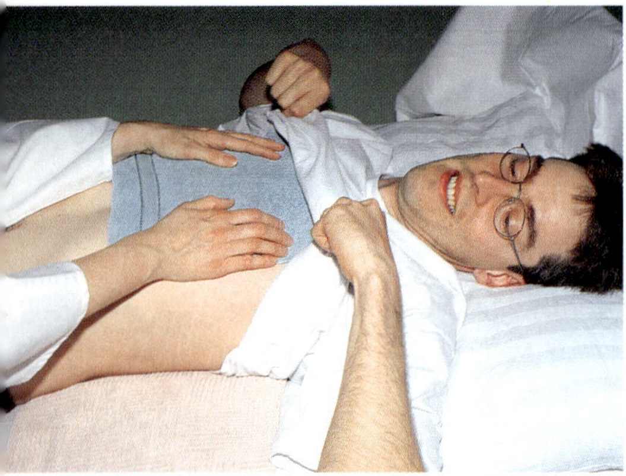

Abb. 3.**3 e**

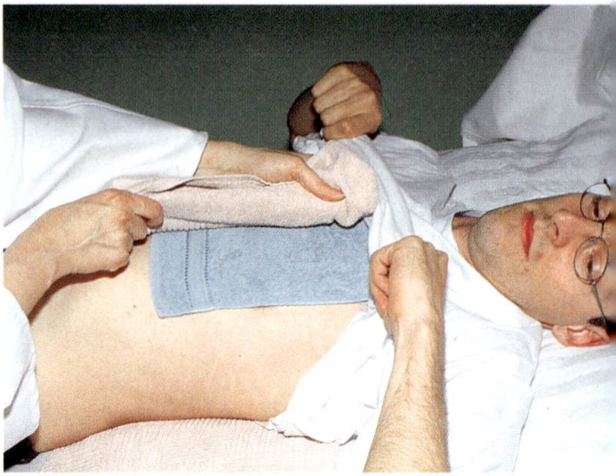

Abb. 3.**3 f**

Anwendungsdauer:

So lange, wie die Person die Auflage noch als warm und angenehm empfindet.

! Die Patientin darf keinesfalls unter dieser Anwendung auskühlen. Sorgfältig und flink arbeiten.
Wenn die feuchten Tücher entfernt sind und die Person warm eingehüllt ist, kann die Nachruhepause auch bei geöffnetem Fenster verbracht werden.

Anwendungshäufigkeit:

1 × täglich über mehrere Tage.

Mögliche Zusätze:

- Thymian *(Thymi herba):* insbesondere bei trockenem Hustenreiz.

So wird die Wickellösung mit Zusatz hergestellt: 6 EL Thymiankraut in einem kleinen Gefäß mit $^{1}/_{2}$ Liter kochendem Wasser übergießen, 5 Minuten ziehen lassen, durch ein Sieb in die Schüssel abgießen, noch 1 Liter kochendes Wasser zugießen (Abb. 3.**3 a**–3.**3 d**).

- Zitrone: man nimmt eine Zitronenhälfte (aus kontrolliert biologischem Anbau), die um die Mitte strahlenförmig eingeschnitten und ausgequetscht wird.

! Bei der Verwendung von Zitrone sollte diese unbedingt aus kontrolliert biologischem Anbau oder zumindest ungespritzt sein, da Insektizidrückstände zu heftigen Hautreizungen führen können.

Abb. 3.**3 a**

Abb. 3.**3 b**

Abb. 3.**3 c**

Abb. 3.**3 d**

Feucht-heiße Nierenauflage

Indikationen:

- Chronische und akute Nierenerkrankungen (mit der behandelnden Ärztin abklären, s. a. Abschn. „Grundsätzliches zur Durchführung", S. 10),
- Funktionsschwäche der Nieren,
- Anfälligkeit für Harnwegsinfekte,
- Neigung zu Steinbildung,
- allgemeiner Wärme- und Energiemangel.

Kontraindikationen:

Nicht während eines Fieberschubs.

Material:

S. Abschn. „Feucht-heiße Wickel", S. 17. Als Außentuch kann ein besonders breiter Schal oder ein auf Oberkörperbreite gelegtes Badetuch bzw. Molton dienen.

Durchführung:

Das Außentuch wird vorab unter der Person auf Nierenhöhe im Bett bereitgelegt. Dann das Innentuch auf ca. 25 × 40 cm zurechtlegen, es sollte möglichst 4–6fach gelegt sein. Dann weiter wie in Abschn. „Feucht-heiße Wickel", S. 17. Beim Anlegen das Innentuch so in den eigenen Händen halten, daß es mehrmals auf die Haut am Rücken über der Nierenregion kurz aufgelegt werden kann (um die Wärmeverträglichkeit zu prüfen), aber sofort wieder abgehoben werden kann, wenn es noch zu heiß sein sollte. Sobald die Wärme gut vertragen wird, alles ganz flink anwickeln, um unnötigen Wärmeverlust zu vermeiden.

Den ganzen Körper zudecken, insbesondere für warme Füße sorgen (falls nötig, vorher Strümpfe anziehen oder Wärmflasche an die Füße legen).

Anwendungsdauer:

So lange, wie es die Person als warm und angenehm empfindet.

Anwendungshäufigkeit:

1 × täglich, nach Bedarf für mehrere Tage.

Mögliche Zusätze:

- Schachtelhalmkraut (*Equiseti herba*) zur Unterstützung der Ausscheidung.

So wird die Wickellösung mit Zusatz hergestellt: 6 EL Schachtelhalm zusammen mit $1\,^1/_2$ Liter kaltem Wasser langsam zum Kochen bringen, auf kleiner Stufe gut 20 Min. köcheln lassen und dann durch ein Sieb in die Schüssel abgießen.

Dampfkompresse

Eine Dampfkompresse ist eine feucht-heiße Auflage (mit oder ohne Zusatz), bei der die heiße Nässe des Innentuchs als Dampf eine trockene Tuchschicht durchströmt, so daß ihre sehr intensive Wärme noch besser auf der Haut vertragen wird und etwas länger anhält. Es können nur Auflagen (Kompressen) auf diese Weise gemacht werden, keine zirkulären Wickel.

Indikationen und Kontraindikationen:

Grundsätzlich wie für feucht-heiße Wickel und Auflagen (s. Abschn. „Feucht-heiße Wickel", S. 15).

Material:

Wie für feucht-heiße Wickel und Auflagen (s. Abschn. „Feucht-heiße Wickel", S. 17 zusätzlich:

- 2 Gummiwärmflaschen,
- 1 Flanelltuch oder 1 dünnes Molton als Zwischentuch, ca. doppelt so groß wie die gewünschte Auflagefläche.

Durchführung:

Zunächst wird das Zwischentuch zwischen den zwei mit sehr heißem Wasser flach gefüllten Gummiwärmflaschen vorgewärmt. Dann das Innentuch zur gewünschten Größe legen, möglichst 4–6fach, und wie im Abschnitt zu den feucht-heißen Wickeln und Auflagen beschrieben naß machen (s. S. 17).

Dann wird das vorgewärmte, trockene Zwischentuch auseinander gefaltet, die gut ausgewrungene Innentuchrolle aus ihrem Auswringtuch ausgepackt, auf die Mitte des Zwischentuchs gelegt und glattgestrichen (Abb. 3.**4a**). Das Innentuch wird nun so in das Zwischentuch eingepackt, daß dabei die Tuchränder alle auf der Oberseite eingefaltet werden (Abb. 3.**4b**). An der Unterseite bedeckt nur eine Zwischentuchschicht das feuchte Innentuch.

Die fertig vorbereitete Dampfkompresse nun noch einmal zusammenklappen und so zwischen die zwei sehr heißen Wärmflaschen legen, daß die Kompresse mit der einschichtig bedeckten Seite an den Wärmflaschen zu liegen kommt und bis zum Anlegen heiß gehalten wird (Abb. 3.**4c** u. **d**). Die Dampfkompresse wird, nach den in den Abschnitten zu den feucht-heißen Wickeln genannten Wärmeverträglichkeitstests, in ihrer ganzen Fläche mit eben dieser Seite auf die Haut aufgelegt.

Weiter wie im Abschn. „Feucht-heiße Wickel" (s. S. 18).

Abb. 3.**4a**

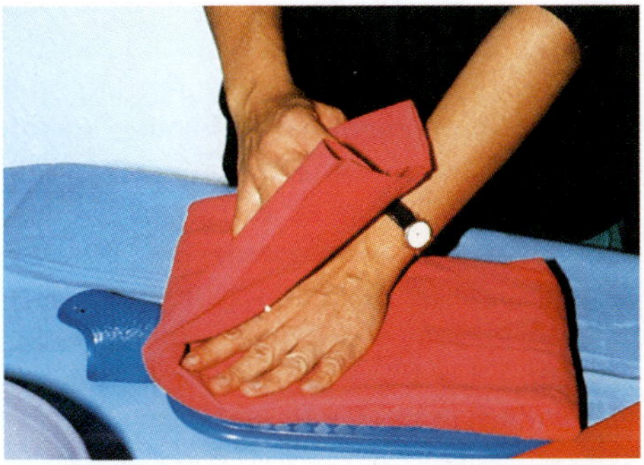

Abb. 3.**4b**

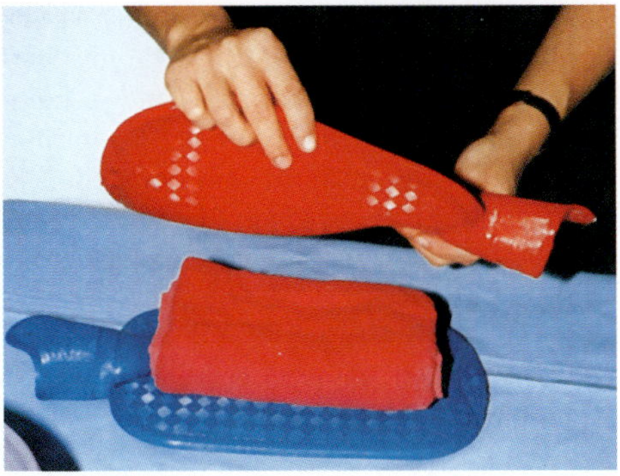

Abb. 3.**4c**

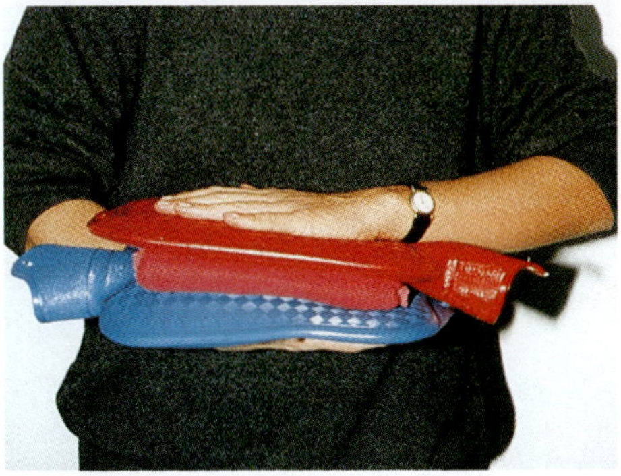

Abb. 3.**4d**

Kartoffelauflage

Indikationen:

Wie bei feucht-heißen Wickeln und Auflagen (s. Abschn. „Feucht-heiße Wickel", S. 17), jedoch mit sehr viel länger anhaltender Wärmewirkung (kühlt nicht aus).

Besonders geeignet, wenn eine intensive, tiefe Durchwärmung und Muskelentspannung gewünscht wird (z. B. bei schmerzhaften Nacken- und Rückenverspannungen). Bekannt sind auch Halswickel mit heißen Kartoffeln bei Halsschmerzen (sofern sie nicht schon sehr akut entzündlich sind, dann lieber kühle Wickel) sowie bei Mumps.

Kontraindikationen:

S. Abschn. „Feucht-heiße Wickel", S. 17. Vorsicht bei akuten Rückenschmerzen, bei denen bereits eine Nervenwurzelreizung oder -entzündung vorliegt. Dann können Kartoffelanwendungen (wie auch andere intensiv-heiße Anwendungen, z. B. Fango) zu heiß sein und den Krankheitsprozeß dramatisch verschlimmern! Anwendungen mit heißen Kartoffeln eignen sich nicht für Personen, die auf sehr intensive Wärme besonders empfindlich reagieren (s. Einführungstext zu Kap. 3).

Material:

- 500 g in der Schale weichgekochte und noch heiße Kartoffeln,
- als Innentuch 1 Geschirrtuch oder 1 Mullwindel,
- etwas Zellstoff oder Küchenpapier,
- 1 Außentuch (z. B. 1 ca. 40 cm breiter Wollschal oder 1 Dusch-/Badetuch).

Durchführung:

(Beispiel: Nackenauflage): Das Innentuch ausbreiten und ein Blatt Küchenpapier in der Mitte auflegen. Die ganzen und ungeschälten Kartoffeln auf das Papier und ein zweites Blatt auf die Kartoffeln legen (verhindert ein Festkleben der Kartoffelmasse am Stoff) (Abb. 3.**5 a**).

Dann die Tuchränder so über die Kartoffeln einschlagen, daß ein rechteckiges Päckchen (ungefähr 13 × 25 cm groß) entsteht, das an der unteren Seite nur von einer Stoffschicht bedeckt ist; diese wird nachher auf die Haut gelegt (Abb. 3.**5 b**). Nun die Kartoffeln im Päckchen zerquetschen, so daß es 2–3 cm dick und gleichmäßig mit Kartoffelmasse ausgefüllt ist. Die Kartoffelauflage ist wahrscheinlich zunächst noch zu heiß, um sofort aufgelegt zu werden (Abb. 3.**5 c**).

Solange das Päckchen noch etwas abkühlt, das Bett vorbereiten und die Befestigung zurechtlegen: Das Außentuch (oder ein auf die entsprechende Breite gelegtes Badetuch) wird wie ein „V" auf das Kopfkissen gelegt. Die Kartoffelauflage darauf zurechtlegen – dabei zeigt die Seite, die auf die Haut kommen soll, nach oben (Abb. 3.**5 d**).

! Die Wärme zuerst sorgfältig mit der Pulsseite des eigenen Unterarms prüfen, bevor das Kartoffelpäckchen auf den Nacken oder Rücken aufgelegt wird. Nach dem Anlegen der Kartoffelauflage verstärkt sich typischerweise die Wärme nochmals und scheint dann plötzlich unerträglich heiß. Dann muß sie rasch wieder entfernt und noch ein bißchen zugewartet werden. Die Anwendung muß wohltun und gut auszuhalten sein (Abb. 3.**5 e**).

Die Kartoffelauflage wird nun folgendermaßen am Nacken befestigt: Die nach oben zeigenden Enden des zu einem „V" gelegten

Abb. 3.**5 a**

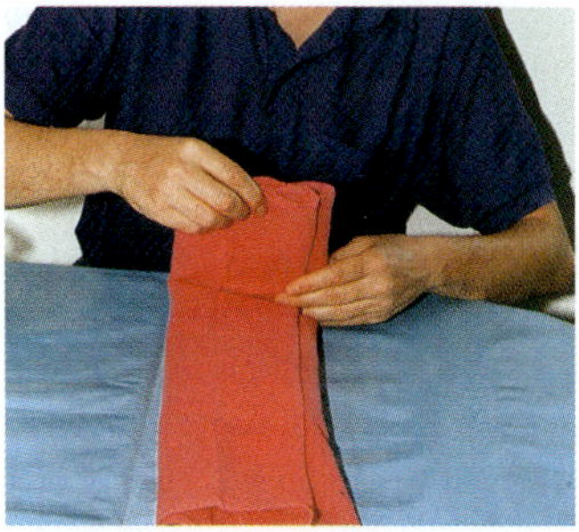

Abb. 3.**5 b**

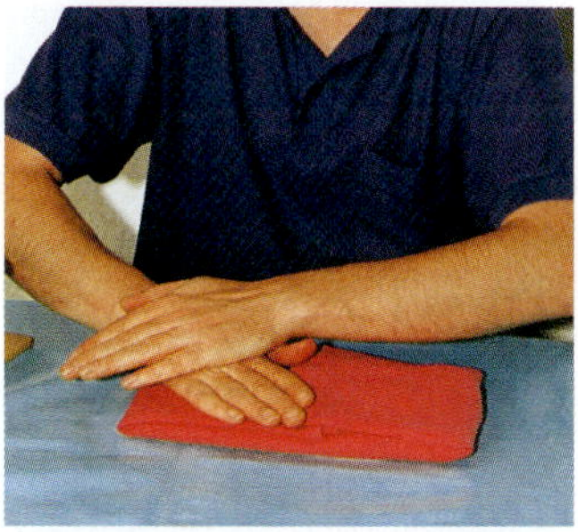

Abb. 3.**5 c**

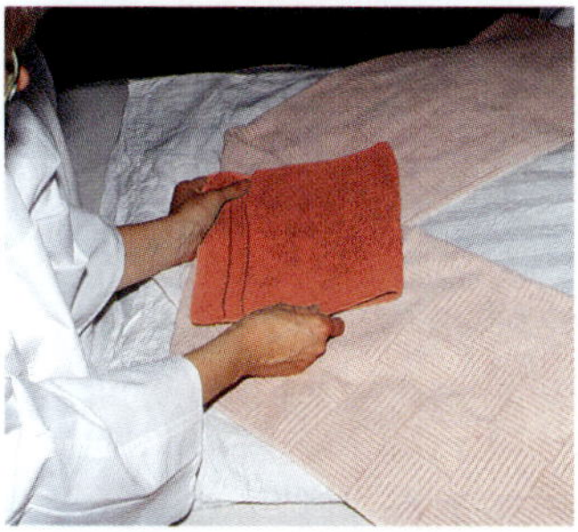

Abb. 3.**5 d**

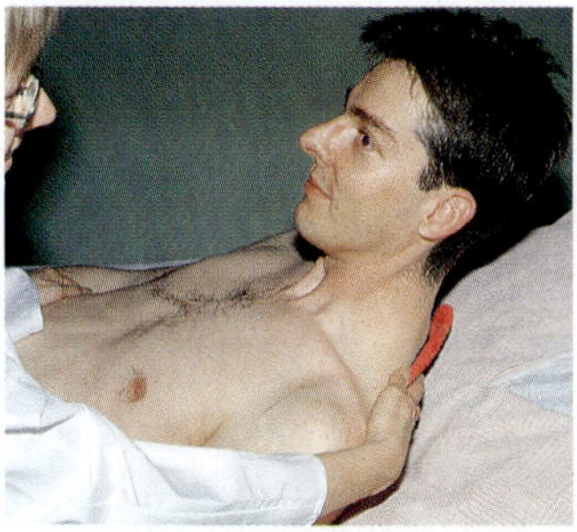

Abb. 3.**5 e**

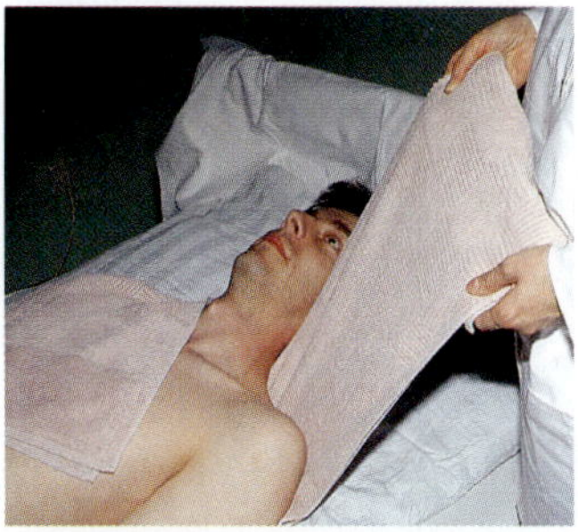

Abb. 3.**5 f**

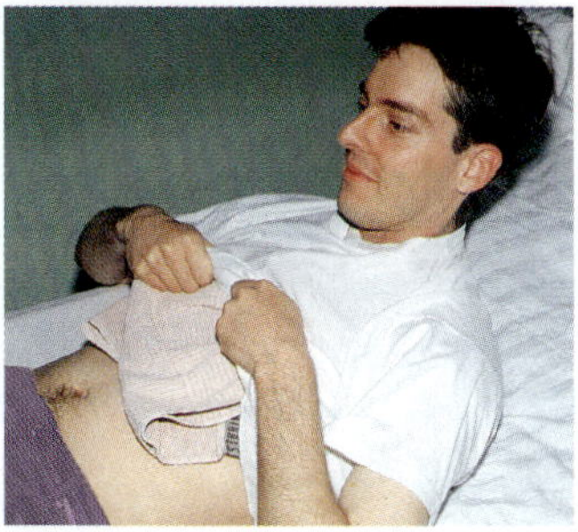

Abb. 3.**5 g**

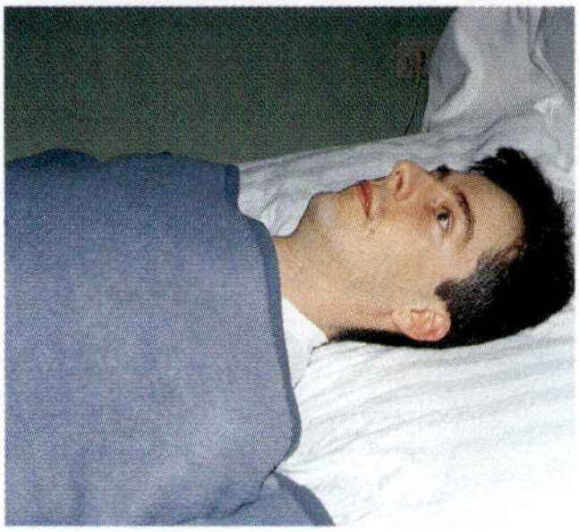

Abb. 3.**5 h**

Außentuchs über die Schultern nach vorne über die Brust legen und straff überkreuzen, so daß sich die Kartoffelauflage am Nacken satt anschmiegt (Abb. 3.**5 f**).

Oberkörper, Schultern und Arme bedeckt halten, T-Shirt o. ä. nach Möglichkeit wieder überziehen und zudecken. Man soll sich am ganzen Körper warm fühlen (Abb. 3.**5 g** u. **h**).

Anwendungsdauer:

So lange, wie die Auflage sich angenehm anfühlt. Möglicherweise schläft die Person darüber ein, dann wird das Kartoffelpäckchen erst nach dem Aufwachen wieder entfernt.

Nachbereitung:

Nach Abnahme der Kartoffelauflage nachruhen und sich warm halten.

Anwendungshäufigkeit:

Maximal 1× täglich solange die Beschwerden anhalten.

▶ Befestigungstrick für Kartoffel-Nackenauflage (im Sitzen): Strumpfhose (Legging, Schlafanzughose o. ä.) mit dem Hosenteil von hinten am Rücken anlegen, Hosenbeine über die Schulter legen, vor der Brust überkreuzen (Abb. 3.**6 a**), dann wieder unter den Armen nach hinten führen, seitlich am Rükken so verknoten, daß das Hosenteil stramm fixiert ist und die Kartoffelauflage nicht abrutschen kann (Abb. 3.**6 b**). So schmiegt sich das Päckchen gut an Schultern und Nacken an und rutscht nicht ab. T-Shirt wieder überziehen, den Schulter-Nacken-Bereich mit einem Dreieckstuch oder einem (wie oben beschrieben) in „V"-Form gelegten Außentuch warm halten. ◀

Strumpfhosen-Trick

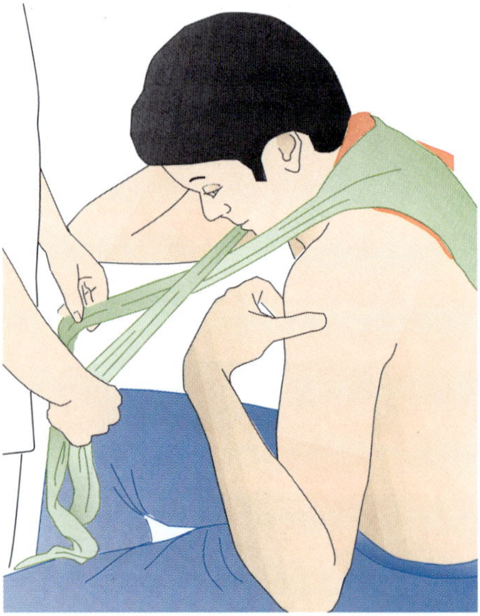

Abb. 3.**6 a**

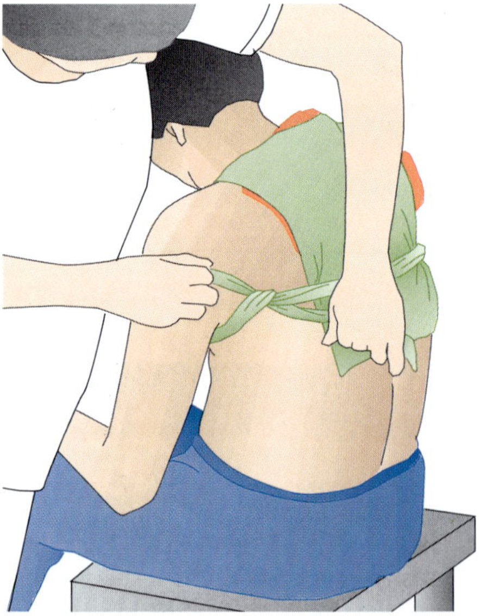

Abb. 3.**6 b**

Heublumensäckchen

Indikationen:

- Verspannungen,
- Muskel- und Gelenkschmerzen,
- zur Unterstützung der Leberfunktion,
- Obstipation.

Kontraindikationen:

Akut entzündlicher Prozeß (s. a. Abschn. „Feucht-heiße Bauchauflage“, S. 19).

Personen mit starker Allergieneigung (Heuschnupfen).

Material:

- Heublumen,
- 1 Stoffsäckchen aus dünner Baumwolle oder Leinen,
- (oder 1 von der Apotheke bezogener Heusack),
- Nähzeug,
- 1 Zwischentuch (etwas größer als das Säckchen),
- 1 Außentuch (breiter Wollschal, Molton, Bade- oder Duschtuch),
- eventuell 1 Schlafanzug- oder Jogginghose zum Befestigen,
- 1 Dampfdrucktopf mit Siebeinsatz oder 1 breiter Kochtopf und 1 Nudelsieb.

Durchführung:

Das Stoffsäckchen bis etwas über die Hälfte mit Heublumen füllen (nicht zu prall, damit es sich an den Körper gut anpassen kann) und zunähen (Abb. 3.**7 a**).

Im Dampfdrucktopf nur wenig Wasser unter den Siebeinsatz einfüllen. Das Heublumensäckchen selbst soll nicht im Wasser liegen, sondern nur vom heißen Dampf durchdrungen werden (Abb. 3.**7 b**). Bei verschlossenem Topf einmal kurz den Dampfdruck auf-

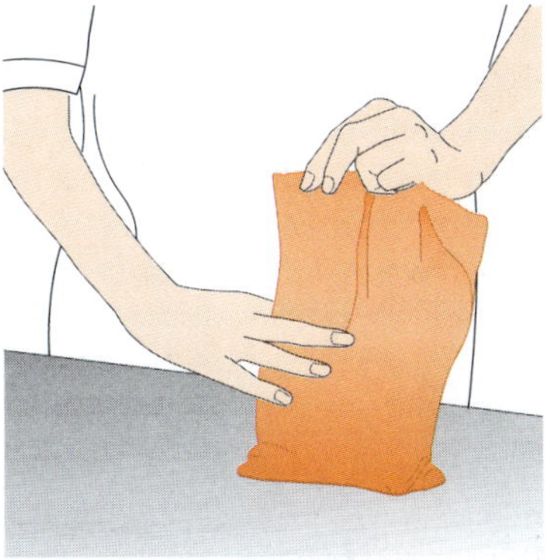

Abb. 3.**7 a**

Abb. 3.**7 b**

Abb. 3.**7 c**

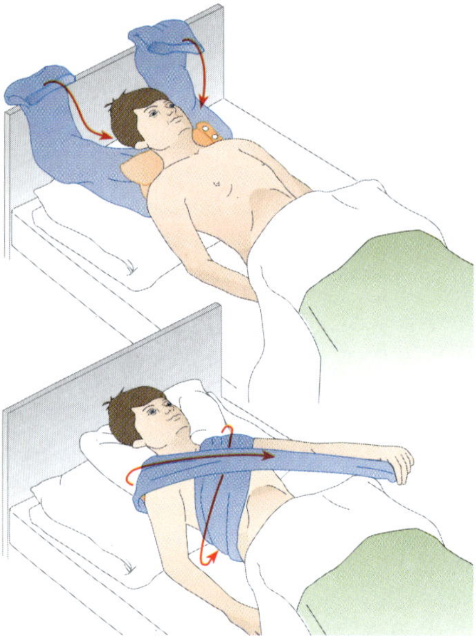

Abb. 3.**8 a** u. **b**

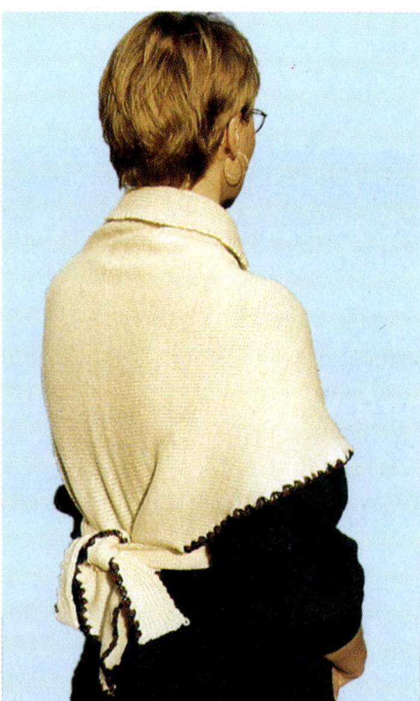

Abb. 3.**9**

bauen lassen, dann gleich abschalten. Variation: Das Heublumensäckchen in einem (Nudel-)Sieb über einen breiten, zu 1/3 mit Wasser gefüllten Kochtopf legen. 15–20 Minuten vom heißen Wasserdampf durchströmen lassen, hin und wieder wenden (Vorsicht: Verbrühungsgefahr!) (Abb. 3.**7 c**).

So wird das Heublumensäckchen als *Nackenauflage* angelegt: Während die Heublumen im Dampfdrucktopf erwärmt werden, wird das längliche (Woll)Außentuch in „V"-Form auf das Kopfkissen gelegt (s. Abb. 3.**5 d**).

Am besten nimmt man den Kochtopf mit ins Zimmer oder ans Bett. Die Person, welche die Anwendung bekommen soll, liegt auf dem Außentuch bereit.

Nun wird das vom Wasserdampf befeuchtete und erhitzte – aber nicht nasse! – Heublumensäckchen dem Topf entnommen und ganz vorsichtig aufgelegt. Dabei die Wärmeverträglichkeit sorgfältig prüfen und so lange das Säckchen immer wieder von der Haut abheben, bis die Wärme gut vertragen wird.

Weil Heublumen Flecken hinterlassen können, wird ein kleines Zwischentuch auf das Heublumensäckchen gelegt und das T-Shirt oder die Kleidung darüber glattgezogen. Sie müssen sich nochmals vergewissern, daß die Wärme gut vertragen wird. Die Person kann sich nun auf das Außentuch zurücklegen und die nach oben zeigenden Enden des als „V" gelegten Tuchs straff über Schultern und Brustkorb ziehen, so daß das Tuch glatt und dicht über dem Heublumensäckchen anliegt (s. Abb. 3.**5 f**). Mit einem gestrickten Dreieckstuch läßt sich das Heublumensäckchen ebenfalls gut anschmiegen (Abb. 3.**9**).

▶ Man kann auch eine Schlafanzug- oder Jogginghose so zurechtlegen, daß die Hosenbeine nach oben zeigen. Die Person legt sich mit dem Rücken auf das Hosenteil, zieht sich die Hosenbeine über die Schultern nach vorne und kreuzt sie über der Brust (s. Abb. 3.**8a** u. 3.**8b**). ◀

So wird das Heublumensäckchen als *Leberauflage* angewendet: Man verfährt wie oben beschrieben, legt das Außentuch zuvor im Bett unter der Person ungefähr in Taillenhöhe bereit, legt dann das Säckchen auf die Leberregion auf, deckt mit dem Zwischentuch ab und befestigt alles mit dem Außentuch zirkulär um den Rumpf.

Anwendungsdauer:

Das Heublumensäckchen so lange angelegt lassen, wie es als angenehm empfunden wird.

Nachbereitung:

Nach dem Abnehmen, die Person im Außentuch eingehüllt, warm halten, ca. 15 Min. ruhen und dem Empfinden im Nacken (oder Bauch) „nachlauschen". Das Heublumensäckchen zum Trocknen luftig aufhängen. Es kann noch ca. 4 × wiederverwendet werden.

Anwendungshäufigkeit:

1 × täglich, kurmäßig über 5–15 Tage.

Leinsamenkompresse

Indikationen:

- Schnupfen,
- Stirn- und Kiefernhöhlenentzündung,
- Gerstenkorn,
- oberflächliches Furunkel (unter medizinisch fachkundiger Beobachtung),
- müde, verspannte Augen(muskulatur).

Eine Leinsamenkompresse kann auch anstelle einer Kartoffelauflage (s. Abschn. „Kartoffelauflage", S. 26) angewendet werden, wenn diese für den betreffenden Fall zu intensiv erscheint (z. B. als Brustauflage bei Kindern mit Husten).

Abb. 3.**10a**

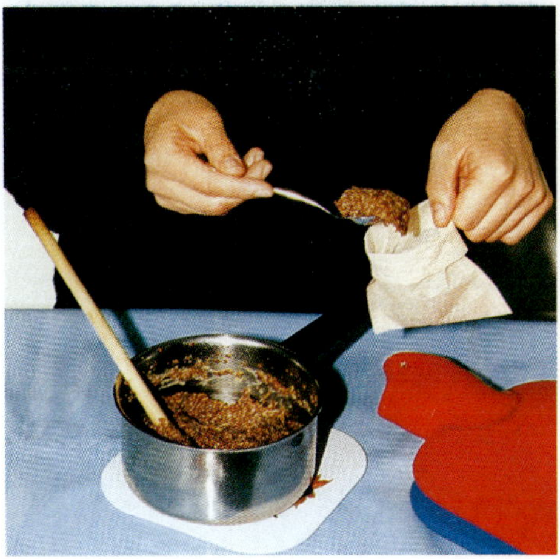

Abb. 3.**10b**

▶ Bei Wöchnerinnen können Leinsamenkompressen auf die Brust aufgelegt werden, wenn sich beim Milcheinschuß die Milchdrüsen verhärten und so ein Stau entsteht. Nur für ein paar Minuten anwenden, bevor das Kind angelegt wird. Wenn die Verhärtungen (Knoten) sich jedoch heiß und entzündlich anfühlen, muß (z. B. mit zimmerwarmen Quark – s. Abschn. „Quarkauflage", S. 67) gekühlt werden. ◀

Kontraindikationen:

Akute Entzündungen, z. B. festsitzende Stirn- und Kieferhöhlenentzündung (wenn sich durch Wärme die Beschwerden verschlimmern).

Material:

- (für Stirnkompessen):
- 1 1/2 Tassen geschroteter Leinsamen, knapp 2 Tassen Wasser,
- 1 kleiner Kochtopf,
- Rührlöffel,
- Kaffeelöffel,
- 5–6 Papiertaschentücher (auch Küchenpapier od. Mullkompressen),
- 2 Gummiwärmflaschen,
- 1 Wollschal.

Durchführung:

Das Wasser zum Kochen bringen und den Leinschrot einrühren. 5–10 Min. unter Rühren ausquellen lassen, bis der Brei sich zäh und dick vom Löffel löst (Abb. 3.**10 a**).

Wenn der Leimbrei noch zu feucht ist, platzen die Päckchen leicht, und der Inhalt klebt dann unangenehm an der Haut.

▶ Anstelle der Papiertüchlein eignen sich auch (Einmal-)Teefiltertütchen. ◀

3 gehäufte Kaffeelöffel Leinbrei in die Mitte des Tüchleins geben, auf ca. 7 × 7 cm ausstreichen, Ränder alle nach einer Seite einschlagen, Päckchen platt drücken (Abb. 3.**10 b**).

Die 5–6 fertigen Kompressen, zwischen zwei flach und heiß gefüllte Wärmflaschen gelegt, mit ans Bett nehmen (Abb. 3.**10 c**). Die erkrankte Person soll sich entspannt hinlegen. Eine Leinsamenkompresse mit der nur einschichtig bedeckten Seite auf die Haut

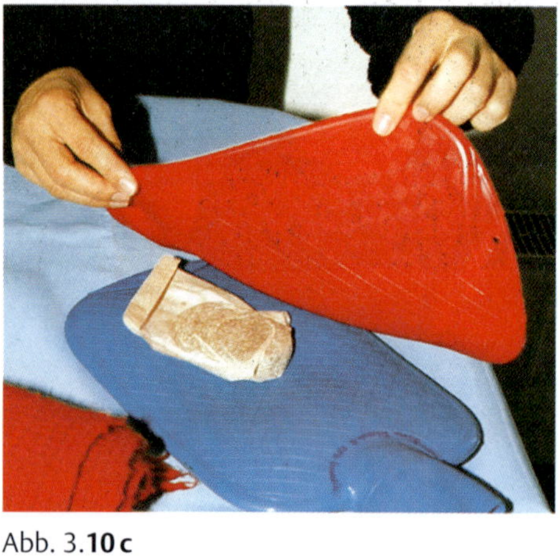

Abb. 3.**10 c**

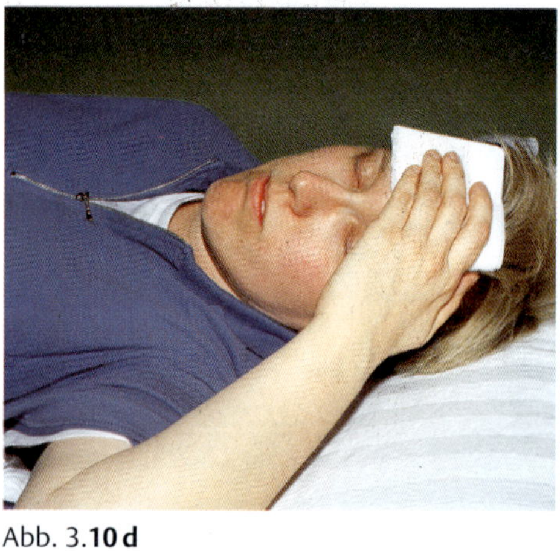

Abb. 3.**10 d**

(z. B. Stirn und Nasenrücken) legen (Vorsicht: heiß!), eventuell nochmals kurz entfernen, bis die Temperatur besser verträglich ist), dann mit einem Schal warmhalten (Abb. 3.**10 d**).

Wird eine Leinsamenkompresse an anderen Körperstellen aufgelegt (z. B. auf die Brust), wird das Päckchen mit einem Zwischentuch abgedeckt, mit einem Außentuch umwikkelt und warm gehalten.

Anwendungsdauer:

Sobald die erste Leinsamenkompresse nach einigen Minuten nicht mehr warm genug ist, diese abnehmen und ein frisches Päckchen auflegen, bis nach und nach alle Leinsamenkompressen zwischen den Wärmflaschen aufgebraucht sind.

Nachbereitung:

Noch mindestens 1 Std. im Warmen bleiben und benutzte Päckchen in den Restmüll geben.

Anwendungshäufigkeit:

Ein- bis mehrmals täglich, solange die Beschwerden anhalten.
Keine Stofftaschentücher verwenden, der Leinbrei verklebt zu stark, die Tücher sind dann nicht mehr sauber zu bekommen.

! Wenn sich die intensive Wärme im Gesicht unangenehm anfühlt: Behandlung abbrechen.

4 Temperierte Wickel und Auflagen (milde Wärmeanwendungen)

Während bei den heißen Wickeln und Auflagen die intensive Wärmewirkung im Vordergrund steht und Zusätze eher eine zweitrangige Rolle bei der Wirkung spielen (Ausnahme: Heublumensäckchen), sind Zusätze bei der Wirkung von temperierten Anwendungen durchaus von Bedeutung. Die Wärmewirkung ist dabei eher mild und fördert die Wirkstoffaufnahme der Zusätze über die Haut. Die Zusätze verursachen eine lokale Hautreaktion bestimmter Hautsegmente oder gelangen über die feinen Blutgefäße der Haut in den Organismus und entfalten ihre Wirkung auf bestimmte Organe und Funktionen.

Die Vorteile dieser Anwendungen:

- Besonders bei empfindlichen und gefährdeten Personengruppen ist hier die Gefahr des Verbrennens oder Verbrühens ausgeschlossen,
- die Wickel und Auflagen können im allgemeinen beliebig lange angelegt bleiben, da sie – richtig angelegt – nicht unter die Körpertemperatur absinken und die Patienten nicht auskühlen können,
- ein geringer Arbeitsaufwand, wenn man erst einmal das nötige Grundmaterial dazu beschafft hat.

Allerdings erfordern diese Anwendungen ein ausreichendes Wissen über Wirkung und mögliche Nebenwirkungen der verwendeten Zusätze (insbesondere der ätherischen Öle oder der Inhaltsstoffe von Salben) und große Sorgfalt in bezug auf die Dosierung und Häufigkeit der Anwendungen.

Ölkompressen sind sehr beliebte, spontan einsetzbare Anwendungen. Ölkompressen aus Gemischen mit ätherischen Ölen sprechen viele Patientinnen wegen ihres – insbesondere in der Krankenhausumgebung – angenehmen Dufts positiv an und sind bei vielerlei Befindlichkeitsstörungen hilfreich. Die Wirkstoffe werden nicht nur über die Haut aufgenommen, sondern auch über den Geruchssinn (Aromatherapie).

Die Verwendung der *Zwiebel* zu Wickeln und Auflagen ist wegen ihres Aromas bei vielen zwar nicht ganz so beliebt, aber die sich einstellende schmerzlindernde, lösende und befreiende Wirkung entschädigt bei weitem für diese Einschränkung.

Körperwarme *Quarkauflagen,* den meisten weniger bekannt als die Verwendung von kühlendem Quark, sind ausgesprochen wirkungsvoll und, das ist ihre besondere Stärke, für jedes Lebensalter und selbst für sehr (hitze)empfindliche Personen geeignet.

Salbenkompressen werden meist auf spezielle medizinische Verordnung hin durchgeführt. Die in den Salben enthaltenen arzneilichen Stoffe sollen den Organismus im Heilungsprozeß bei bestimmten Erkrankungen unterstützen.

Die *Bienenwachskompresse* ist wegen ihres angenehmen Wachs-Honig-Dufts bei Kindern und Erwachsenen gleichermaßen beliebt und kann auch vorbeugend bei anfälligen Personen eingesetzt werden.

Auch bei der leicht angewärmten *Kamillenkompresse* spielt u. a. das ätherische Öl eine lindernde und beruhigende Rolle.

Ölkompressen

Lavendelöl-Kompresse

Indikationen:
- Husten,
- Bronchitis,
- Erkältung,
- Nervosität u. Unruhe,
- Schlafstörungen (wird eher abends angewendet).

Auflagestelle:
Brust (Sternumbereich).

„Melissenöl"-Kompresse (*Oleum melissae indicae* = Citronellaöl)

Indikationen:
- Husten,
- Bronchitis,
- Erkältung,
- Streß u. Erschöpfung (wird eher tagsüber angewendet).

Auflagestelle:
Brust (Sternumbereich).

Thymianöl-Kompresse

Indikationen:
- Starker Hustenreiz,
- Keuchhusten,
- Erkältung.

Auflagestelle:
Brust (Sternumbereich).

Eukalyptusöl-Kompresse

Indikationen:
- Harnverhalten,
- Blasenentzündung,
- Erkältung mit Husten.

Auflagestelle:
Unterbauch (über der Blase).
Brust (Sternumbereich)

Johannisöl-Kompresse

Indikationen:
- Nervenschmerzen,
- Verspannungsschmerzen,
- Ischialgie,
- Trigeminusneuralgie,
- Gürtelrose.

Auflagestelle:
Jeweils über der schmerzenden Zone.

Olivenöl-Kompresse (ohne Zusatz)

Indikationen:
- Wenn eine entkrampfende und lösende Wirkung bezweckt wird,
- ätherische Öle werden nicht vertragen,
- zur sanften Erwärmung.

Auflagestelle:
- Brust (Sternumbereich),
- Blase,
- überall, wo auch eine Ölkompresse mit Zusatz angelegt werden würde.

Kontraindikationen der Ölkompressen:

- Wenn die betreffende Person eine Abneigung gegen den bestimmten Duft hat,
- bei Personen, die auf vielerlei Düfte und Substanzen allergisch reagieren (Hauterscheinungen, Asthma),
- bei allgemeiner, erhöhter Reizbarkeit und Krampfneigung,
- bei Kindern unter 6 Monaten sollten noch keine Ölkompressen mit Zusatz von ätherischen Ölen angewendet werden,
- bei Schwangeren nur bei normalem Schwangerschaftsverlauf und mit größter Vorsicht (wie für Kinder dosieren),
- nicht anwenden bei Patienten, die nach den Regeln der Klassischen Homöopathie behandelt werden.

▶ Testen Sie im Zweifelsfall die Verträglichkeit, indem Sie einen Tropfen des Ölgemischs auf die Haut an der Ellenbeuge auftragen und für 24 Std. beobachten. Kommt es zu keiner Rötung oder Juckreiz an der Stelle, kann eine Kompresse mit diesem Öl angewendet werden. ◀

Material:

- Das entsprechende Öl bzw. Ölgemisch (möglichst in einer Tropfflasche),
- 1 Innentuch (z. B. 1 Leinenläppchen ca. 10 × 20 cm groß oder 1 weiches, doppelt gelegtes Papiertaschentuch),
- 1 wärmendes Zwischentuch (etwas größer als das Leinenläppchen; man kann auch 1 Stück in Gaze eingepackte Baumwollwatte nehmen),
- 1 Außentuch (Woll- od. Badetuch, groß genug, um es rund um den Brustkorb oder den Unterkörper wickeln zu können),
- 2 Gummiwärmflaschen,
- etwas Butterbrotpapier.

Dosierung: (s. Tab. 4.1)

▶ Es hilft Fehler und Mißverständnisse (und entsprechende Negativfolgen für die Patientinnen) zu vermeiden, wenn man ein Fläschchen mit dem fertigen Ölgemisch in der korrekten Dosierung benutzt, anstatt jedesmal das Gemisch neu herzustellen. Johannisöl ist ein *Ölauszug*, d. h. es kann, wie auch das reine Olivenöl, pur für Ölkompressen verwendet werden. ◀

Tabelle 4.1 Dosierung der Öle

Öl:	Erwachsene:	Kinder ab 6 Mon., Schwangere, alte Menschen:
Lavendelöl	5%ig	2%ig
Melissenöl	5%ig	2%ig
Eukalyptusöl	5%ig	2%ig
Thymianöl	2%ig	maximal 1%ig
Olivenöl	pur	pur
Johannisöl	pur	pur

Die Ölgemische sollten zu 95% bzw. 98% od. 99% aus einem Pflanzenöl (z. B. Oliven- oder Sonnenblumenöl) und 1%, 2 % bzw. 5 % einer 100 % reinen, natürlichen ätherischen Aromaöl-Essenz bestehen. Man bekommt fertige, 10%ige Ölgemische in der Apotheke zu kaufen und muß diese entsprechend mit Olivenöl verdünnen, oder man läßt es sich in einer Tropfflasche von der Apotheke in der entsprechenden Stärke mischen.

! Auf keinen Fall darf ein pures, 100%iges ätherisches Öl als Ölauflage auf die Haut gebracht werden, da es hierdurch zu schlimmen Hautreizungen und unangenehmen Allgemeinreaktionen kommen kann.

▶ Die Ölgemische halten sich über viele Monate, wenn sie in dunklen Fläschchen mit einem Tropfaufsatz (muß öldurchgängig sein) aufbewahrt werden. Man entnimmt dann nur die gerade benötigte Menge und verunreinigt den Rest nicht durch das Zurückkippen von überschüssigem Öl in die Flasche. Ranzig gewordnene Ölgemische dürfen nicht mehr verwendet werden. ◀

Durchführung:

Ein Stück Butterbrotpapier (ca. 3 × so groß wie das Leinenläppchen) abschneiden, das Leinenläppchen darauflegen und zwei Gummiwärmflaschen flach mit heißem Wasser füllen. Das Läppchen mit ca. 40–50 Tropfen des Ölgemischs beträufeln, in fettdichtes Butterbrotpapier einpacken und zusammen mit dem Zwischentuch zwischen den heißen Wärmflaschen anwärmen.

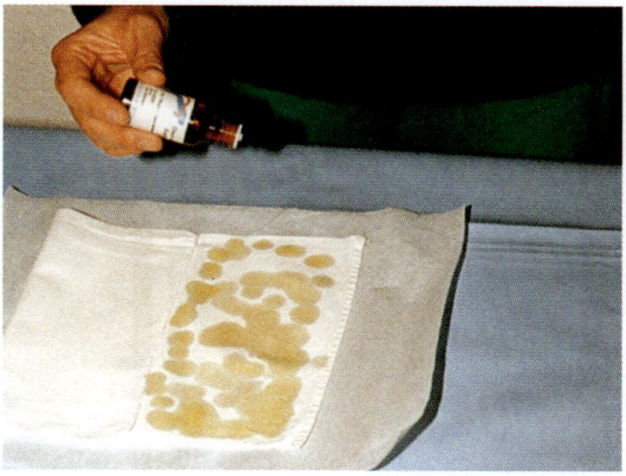

Abb. 4.**1**

▶ Zum Schutz der Gummiwärmflaschen dasÖlläppchen am besten in ein Stück fettdichtes Butterbrotpapier (oder Alufolie) einpacken; diese würden sonst das ätherische Öl als „Dauerduft" an sich binden. Wer keine Wärmflaschen zur Verfügung hat, kann die vorbereitete Ölkompresse auch auf einem Teller, der auf einen Topf mit kochendem Wasser gelegt wird, anwärmen (s. auch Abb. 4.**6**). ◀

! Ölkompressen nie in der Mikrowelle anwärmen, da hierdurch die Qualität der Wirkstoffe verändert wird. Man kann jedoch 2 Teller in der Mikrowelle gut heiß werden lassen, vorsichtig mit Topflappen o. ä. herausnehmen und dann die fertig vorbereitete Ölkompresse zwischen den heißen Tellern anwärmen.

Die Ölkompresse am besten zwischen den Wärmflaschen oder auf dem Teller zu der liegenden Person mitnehmen. Das Außentuch liegt bereits unter dem Körper ausgebreitet. Die Ölkompresse (sie soll nur körperwarm, aber nicht sehr heiß sein) ohne Papier mit der öligen Seite direkt auf die entsprechende Auflagestelle legen. Das ebenfalls angewärmte Zwischentuch kommt darüber und wird mit Kleidung fixiert. Dann den entsprechenden Körperteil mit dem Außentuch einhüllen. Nach Wunsch kann eine Wärmflasche außen auf das Außentuch gelegt werden. Es geht jedoch bei dieser Anwendung eher um eine milde als um eine intensive Wärmeanwendung. Die Patientin entsprechend zudecken, so daß der ganze Körper – insbesondere die Füße – warm sind.

Anwendungsdauer:

Eine Ölkompresse kann beliebig lange liegen bleiben (wenn sie wohltut, bis zu mehreren Stunden).

Anwendungshäufigkeit:

Die Lavendel-, Melissen-, Eukalyptus- und Thymianöl-Kompresse grundsätzlich nur 1 × täglich anlegen und nach 5 Tagen für 2 Tage pausieren. Kompressen mit Oliven- oder Johanniskrautöl 1–3 × täglich nach Bedarf.

▶ Nach einer Anwendung kann einÖlläppchen auch ein zweites oder drittes Mal verwendet werden. Es wird dann bis zum nächsten Mal wieder in dem Butterbrotpapier (mit dem Namen der Person versehen) aufbewahrt. Vor der nächsten Anwendung werden einfach noch ein paar Tropfen des Öls bzw. Ölgemisches zugefügt. Nur so lange wiederverwenden, wie das Läppchen noch frisch nach dem Öl riecht (höchstens 1–2 ×). ◀

Abb. 4.**2**

Abb. 4.**3**

Abb. 4.**4**

So entsteht Johannisöl. Rezeptur s. S. 37

Zwiebelauflage

Indikationen:

- Ohrenweh (als Ohrenauflage),
- Husten, mit zähem Schleim (Auflage auf Brust od. Rücken),
- beginnende Erkältung, Schnupfen, Kopfschmerzen (Auflage auf Fußsohlen).

Kontraindikationen:

- Neigung zu heftiger Schleimhautreizung durch Zwiebelaroma,
- Abneigung gegen Zwiebelaroma.

Zwiebel-Ohrenauflage

Material:

- 1 kleines Baumwolltuch (z. B. Taschentuch),
- 1 Zwiebel,
- 1 Brettchen und Küchenmesser,
- etwas Rohwolle oder Baumwollwatte,
- etwas fett- und geruchsdichtes Butterbrotpapier (oder Alufolie),
- 1 gut sitzende Mütze oder 1 (Woll-)Schal,
- 2 Gummiwärmflaschen.

Durchführung:

Die Zwiebel schälen, vierteln und die einzelnen Schichten voneinander ablösen (Abb. 4.**5**); diese dann mit der Wölbung nach oben (d. h. dem Silberhäutchen nach unten) auf dem Tüchlein auf ca. 8 × 10 cm auslegen, zu einem Päckchen falten, auf dessen Unterseite nur eine Stoffschicht die Zwiebeln bedeckt. Diese Seite kommt später auf das Ohr. Das Päckchen kräftig platt drücken und in Butterbrotpapier einpacken (zum Schutz der Wärmflaschen vor Zwiebelgeruch).
2 Gummiwärmflaschen flach mit heißem Wasser füllen. Die Zwiebelauflage mitsamt der Rohwolle oder Baumwollwatte einige Minuten zum Anwärmen dazwischen legen. Durch das Anwärmen kann der Saft besser aus der Zwiebel austreten und die milde Wärme tut wohl.

▶ Wenn keine Wärmflaschen vorhanden sind, kann die vorbereitete Zwiebelauflage auf einem Teller, der auf einen Topf mit kochendem Wasser gelegt wird, angewärmt werden. In diesem Falle wird kein Papier benötigt (Abb. 4.**6**). ◀

! Zwiebelauflagen nie in der Mikrowelle anwärmen, da hierdurch die Qualität der Wirkstoffe verändert wird. Man kann jedoch 2 Teller in der Mikrowelle gut heiß werden lassen, vorsichtig mit Topflappen o. ä. herausnehmen und dann die fertig vorbereitete Zwiebelauflage zwischen den heißen Tellern anwärmen.

Die warme Zwiebelauflage wird dann mit der nur von einer Stoffschicht bedeckten Seite auf das schmerzende Ohr gelegt, dabei muß das Ohr hinten 2 Fingerbreit über-

Abb. 4.**5**

ragt werden (Abb. 4.**7**). Über diese Hautzone scheint eine reflektorische Wirkung auf das Mittelohr möglich zu sein.

Sobald die Wärme der Zwiebelauflage gut vertragen wird, die Rohwolle/Watte daraufpacken und alles mit Mütze, Schal oder Stirnband befestigen. Wenn beide Ohren weh tun, die Zwiebelauflage beidseits anbringen.

Anwendungsdauer:

Mindestens 20 Min., kann jedoch so lange angelegt bleiben, wie es die Person als angenehm empfindet.

Nachbereitung:

Nach Abnahme der Zwiebelauflage die Ohren warm halten.

Anwendungshäufigkeit:

1–2 × täglich.

! Bei Ohrenweh immer auch Kochsalz-Nasentropfen (Apotheke) verabreichen. Den Arzt konsultieren, wenn keine Besserung der Schmerzen innerhalb 24 Std. eintritt, Fieber und allgemeine Unruhe hinzukommen, Sekret aus dem Gehörgang abfließt oder ein leichter Druck mit dem Finger auf den Knochen hinter dem Ohr *(Processus mastoideus)* deutlich schmerzhaft ist.

Zwiebelauflage auf Brust, Rücken oder Fußsohlen

Material:

Entsprechend wie bei der Ohrenauflage.

Durchführung:

Wie bei der Ohrenauflage. Die Zwiebelauflage auf Brust oder Rücken wird mit einem Außentuch, das zirkulär um den Brustkorb gewickelt werden kann, befestigt.

Abb. 4.**6**

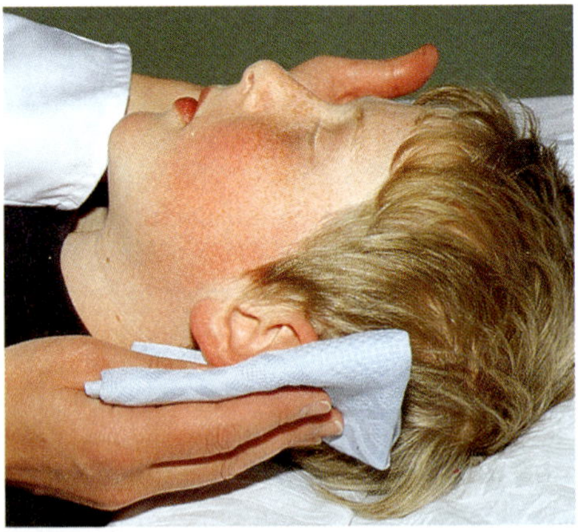

Abb. 4.**7**

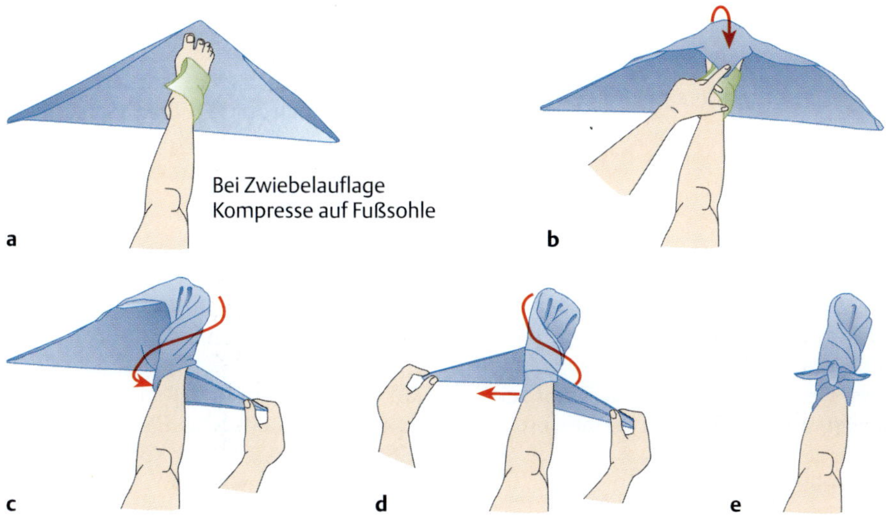

Abb. 4.**8 a–e**

▶ Bei Zwiebelauflagen an den Füßen zum Befestigen Baumwollsocken darüberziehen oder mit einem Dreieckstuch wie bei der Ersten Hilfe einen Fußverband anlegen (Abb. 4.**8 a–e**). Die Wirkung wird noch intensiviert, wenn die Fußsohlen auf eine Wärmflasche gelegt werden. Hierbei jedoch die Wärmflasche wieder mit 1–2 Lagen fettdichtem Butterbrotpapier schützen! ◀

Anwendungsdauer:

Mindestens 30 Min., bis zu mehreren Stunden.

Nachbereitung:

Nach Abnahme der Zwiebelauflage den ganzen Körper warm halten.

Anwendungshäufigkeit:

1–2 × täglich.

Körperwarme Quarkauflage

Indikationen:

- Husten (insbesondere bei Kindern),
- Bronchitis,
- Stirn- und Kieferhöhlenentzündung,
- Halsweh,
- chronische Entzündung (z. B. in einem Gelenk).

Diese Anwendung ist für jedes Alter (auch für kleine Säuglinge) geeignet und bei Kindern beliebt. Sie kann auch bei Fieber angewendet werden, dann allerdings nur leicht zudecken, um Hitzestau zu vermeiden.

Kontraindikationen:

Milcheiweiß-Kontaktallergie.

Material

z. B. für eine Brustauflage:

- Mullkompressen oder Baumwolltuch (groß genug, um die Quarkauflage beidseitig zu bedecken),
- 250–500 g Speisequark (Fettstufe unerheblich),
- 1 Messer oder Spatel,
- 1 Zwischentuch (z. B. Frottiertuch),
- 1 Außentuch zum Fixieren (Schal),
- 1 wasserfeste Unterlage,
- 1 Topf mit kochendem Wasser und darauf gelegtem Teller.

Durchführung:

Den frischen Quark 1 cm dick zu der gewünschten Fläche auf dem Tuch ausstreichen (Abb. 4.**9 a**). Die Tuchränder alle nach oben einschlagen, so daß ein geschlossenes Päckchen entsteht. Das Päckchen auf dem heißen Teller über dem Kochtopf kurz auf Körperwärme anwärmen. Das Außentuch und einen Nässeschutz unter der Person bereitlegen. Dann wird die warme Quarkauflage mit der nur von einer Stoffschicht bedeckten Quarkseite auf die Haut aufgelegt. Sobald die Wärme von der Person vertragen wird, das Zwischentuch zum Auffangen der Feuchtigkeit auflegen und mit dem Außentuch rings um den Brustkorb fixieren (Abb. 4.**9 b**). Den ganzen Körper während der Anwendung warmhalten.

Abb. 4.**9 a**

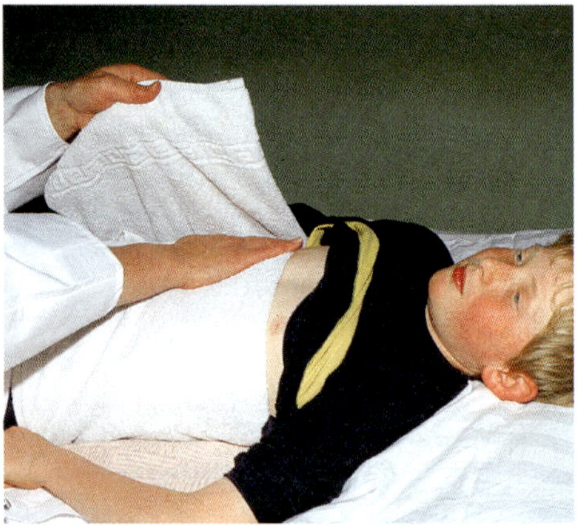

Abb. 4.**9 b**

Anwendungsdauer:

Mindestens 1/2 Std.

Nachbereitung:

Sobald die Quarkauflage nicht mehr als angenehm empfunden wird, diese abnehmen, die Haut gut abtrocknen, warmhalten und 15 Min. nachruhen.

Anwendungshäufigkeit:

1 × täglich, bei Bedarf über mehrere Tage.

! Keine Quark-Zubereitungen (auch keine geschmacksneutralen) verwenden, sondern grundsätzlich „Speisequark".

Kompressen mit Salben und Pasten

Indikationen:

- **Plantago-Bronchialbalsam:** (Spitzwegerich-Bronchialbalsam)
  - Husten,
  - Bronchitis.
- **Archangelikasalbe:** (Erzengelwurz-Salbe) Akute und chron. Lymphknotenschwellung.
- **Kytta-Plasma:** (Beinwell-Extrakt-Paste) Stumpfe Verletzungen (Prellungen, Zerrungen, Verstauchungen.)

Abb. 4.**10 a**

Kontraindikationen:

Mögliche Unverträglichkeit von einem der Inhaltsstoffe. Bitte Packungsbeilagen vorher durchlesen. Im Zweifelsfall vorher testen (vgl. a. Abschn. „Ölkompressen", S. 36). Salbenkompressen nicht bei Kindern unter 6 Monaten anwenden.

Material:

- 1 Baumwollappen in der gewünschten Auflagegröße,

Abb. 4.**10 b**

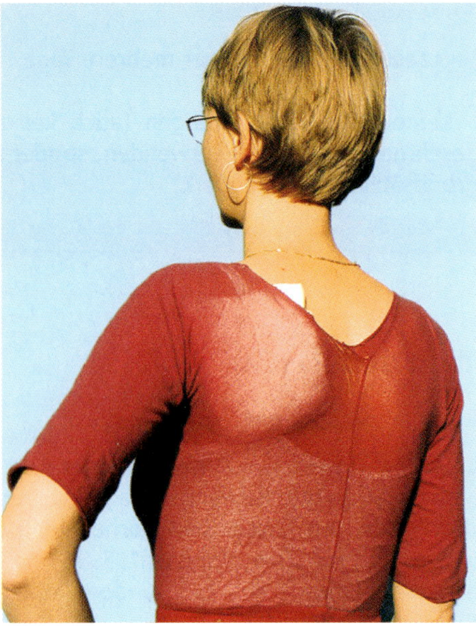

Abb. 4.**10 c**

- die entsprechende Salbe,
- 1 Spatel,
- Befestigungsmaterial.

Durchführung:

Die Salbe auf dem Lappen ausstreichen. Salbenkompressen sollten wie Butterbrot glänzend geschmiert sein. Die Salbenkompresse evtl. kurz auf einer warmen Gummiwärmflasche oder der Heizung anwärmen. Salbenkompressen, die auf traumatisierte Stellen aufgelegt werden sollen, nicht vorher anwärmen. Dann die Kompresse mit der Salbenfläche direkt auf die entsprechende Körperstelle auflegen und befestigen.

▶ Salbenlappen können z. B. mit Hilfe eines elastischen Netzschlauchverbandes im Bereich der Bronchien befestigt werden. Für den häusl. Bereich erfüllt ein entsprechend zu einem eng anliegenden Mieder umfunktionierte Damen-Feinstrumpfhose den selben Zweck (Abb. 4.**10 a–c**). ◀

Anwendungsdauer:

30–60 Min. pro Anwendung, auch über Nacht möglich.
Kytta-Plasma bis max. 5 Std. anwenden.

Anwendungshäufigkeit:

1–2× täglich, Salbenkompressen können mehrmals wiederverwendet werden. Zwischen den Anwendungen luftig lagern, nicht in Plastiktüten verpacken. Bei Bedarf den Salbenlappen mit wenig Salbe nachstreichen, alle 2 Tage erneuern.

Bienenwachskompresse

Indikationen:

- Erkältung,
- Erkältungsvorbeugung,
- Husten,
- Bronchitis.

Kontraindikationen:

Sehr reizempfindliche Haut.

Material:

- 1 in Butterbrotpapier verpackte Bienenwachskompresse (d. h. eine mit mehreren Schichten Bienenwachs beschichtete Stoffkompresse, über Apotheken oder direkt bei den Herstellern (s. S. 92) zu beziehen.
- 1 weiches, wärmendes Zwischentuch oder etwas Rohwolle bzw. Baumwollwatte,

- geeignetes Befestigungsmaterial,
- 2 flach gefüllte, nicht zu heiße Gummiwärmflaschen.

! Qualitativ einwandfreie Bienenwachskompressen (S. 95) können unter diesen Voraussetzungen schon bei kleinen Kindern und Säuglingen angewendet werden, da sie milde wirken.

Durchführung:

Die in Butterbrotpapier eingepackte Bienenwachskompresse wird zusammen mit dem Zwischentuch zwischen den Wärmflaschen (Alternative: mit einem Haarfön) kurz angewärmt, bis sie wie Scheibenkäse weich und biegsam ist. Sie wird dann aus dem Papier genommen und direkt auf die Haut gelegt (sie darf leicht anhaften), mit einem warmen Zwischentuch bedeckt und befestigt.

Anwendungsdauer:

Eine Bienenwachskompresse kann beliebig lange angelegt bleiben.

Nachbereitung:

Die Bienenwachskompresse nach dem Abnehmen wieder in das Butterbrotpapier einpacken, sie kann mehrmals (solange sie noch angenehm aromatisch riecht) wiederverwendet werden.

Anwendungshäufigkeit:

Täglich 30 Min. bis mehrere Stunden.

! Bei sehr hautempfindlichen Personen kann es an der Auflagestelle zu einer leichten Rötung kommen, dann die Anwendung beenden.

Kamillenkompresse (feucht-warm)

Indikationen:

- Ohrenweh,
- Schnupfen,
- Stirn- und Kieferhöhlenentzündung,
- Zahnschmerzen,
- Mumps.

Kontraindikation:

Unverträglichkeit von Kamille.

Material:

- 1 dünnes Baumwolläppchen oder 1 Mullkompresse,
- 3–4 EL Kamillenblüten,
- Heftpflaster,
- etwas Baumwollwatte oder Rohwolle,
- eventuell 1 Tuch oder 1 Schal zum Befestigen,
- Kochtopf mit kochendem Wasser,
- 1 Sieb.

Durchführung:

3–4 EL Kamillenblüten auf die Gaze geben, ringsum einschlagen, mit Pflaster zukleben (Abb. 4.**11 a–c**). Das kleine Kamillenpäckchen auf das Sieb legen und über Wasserdampf ca. 5 Min. erwärmen. Auf Wärmeverträglichkeit sorgfältig prüfen, dann die Kamillenkompresse auflegen, mit Watte oder Rohwolle bedecken und entsprechend befestigen (mit einem Schal oder einer Mütze, Abb. 4.**11 d**).

Anwendungsdauer:

Bis lokales Wärmegefühl nachläßt.

Feucht-warme Kamillenkompresse

Abb. 4.**11 a**

Abb. 4.**11 b**

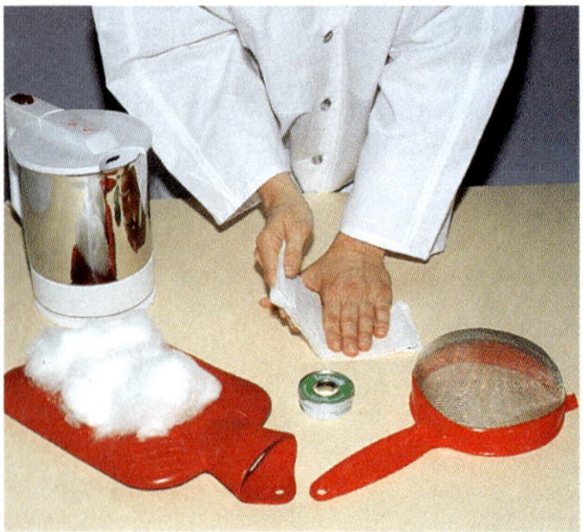

Abb. 4.**11 c**

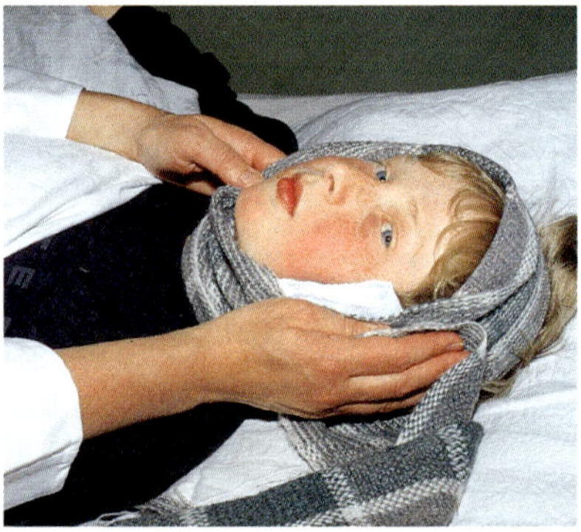

Abb. 4.**11 d**

Nachbereitung:

- Kamillenkompresse entfernen,
- Auflagestelle nochmals warm abdecken,
- noch 1–2 Std. im Warmen bleiben.

Anwendungshäufigkeit:

1–2 × täglich über mehrere Tage, jedoch insgesamt befristet (max. 1 Woche), da Kamille auch zu erhöhter allgemeiner Reizbarkeit führen kann.

! Ärztin hinzuziehen, wenn Schmerzen nach 24 Std. nicht besser werden.

Kamillenblüten-Säckchen (trocken)

Indikationen:

- Schnupfen,
- Nasennebenhöhlenentzündung,
- Ohrenweh,
- Mumps,
- Zahnweh,
- Unruhe.

Kontraindikation:

Unverträglichkeit von Kamillenblüten.

Material:

1 dünnes Stoff- oder Gazesäckchen (ca. 10 × 20 cm) gut zur Hälfte mit Kamillenblüten füllen und zunähen.

Durchführung:

Kamillensäckchen vor Gebrauch trocken anwärmen (z. B. auf die Heizung oder eine Wärmflasche legen).
Entweder zum Schlafen unters Kopfkissen stecken oder direkt an der betroffenen Stelle anlegen.

Anwendungsdauer:

Nach Belieben.

Anwendungshäufigkeit:

Nach Belieben.

! Kamille kann bei zu langdauernder oder zu häufiger Anwendung eine allgemeine erhöhte Reizbarkeit hervorrufen.

5 Anwendungen mit hautreizenden Substanzen

Die Anwendung von hautreizenden Substanzen löst bei vielen Menschen immer noch Ängste aus – nicht ganz zu Unrecht! Diese Anwendungen sind durch die enthaltenen Reizstoffe (z. B. Senföl) zunächst überaus irritierend und bedürfen einer besonders guten, erfahrenen und fachkundigen Begleitung durch die Pflegeperson.

Hautreizende Substanzen müssen auf der eigenen Haut zuvor einmal selbst ausprobiert worden sein, um mit der selbst gemachten Erfahrung Patientinnen angemessen begleiten zu können.

Die sonst gültige und wichtige Regel, daß die Person, bei der die Anwendung durchgeführt wird, diese grundsätzlich als wohltuend und stimmig empfinden muß, sie andernfalls abgebrochen werden muß – diese Regel stimmt so in bezug auf die Anwendung von hautreizenden Substanzen nicht. Zunächst fühlen sich diese nämlich recht unangenehm an und erst nach einigen Minuten werden die Patientinnen durch ein tiefes und anhaltendes Wärme- und Wohlgefühl entschädigt, das diese Anwendungen letztendlich doch sehr beliebt macht.

Während bei den heißen Anwendungen noch die direkte Wärmewirkung im Vordergrund stand, bei den temperierten Anwendungen schon eine Kombination von Wirkstoffen und eben nur noch milder Wärme, bewirken die hautreizenden Substanzen, selbst wenn sie sich z. T. auf der Haut zunächst überhaupt nicht warm anfühlen, sekundär eine starke Hyperämisierung und dadurch eine intensive, sozusagen vom Körper aktiv gebildete und anhaltende Wärme. Die Hitze kommt also nicht passiv von außen, sondern aktiv von innen.

Ingweranwendungen (s. S. 55) werden zwar zu den hautreizenden Anwendungen gerechnet, unterscheiden sich aber in Intensität und Komplexität ihrer Wirkung ziemlich deutlich von Senf (s. S. 49) und Meerrettich (s. S. 53).

Grundsätzlich gehört die Anwendung von hautreizenden Substanzen nicht in die Hand von Laien, da hier einiges an Hintergrund-

Abb. 5.**1**

wissen erforderlich ist. Sie sollten auch noch nicht bei Kindern angewendet werden – für sie gibt es kindgerechtere, verträglichere und genauso wirkungsvolle Anwendungen. Nur in speziellen, medizinisch angezeigten Situationen (z. B. Langzeitbehandlung bei Asthma-Patientinnen) können z. B. pflegende Angehörige im Anlegen einer Senfkompresse fachkundig angeleitet und sorgfältig begleitet werden.

Senfkompresse

Indikationen:

- Atemunterstützung (Pneumonieprophylaxe),
- Asthma,
- rheumatische Schmerzen,
- bei Angina-Pektoris-Patienten mit Unverträglichkeit von Nitropräparaten (dann Senfkompresse auf den linken Oberarm).

Kontraindikationen:

- Unverträglichkeit von Senfmehl,
- bewußtlose oder verwirrte Patienten,
- Personen mit Sensibilitätsstörungen,
- Kinder.

Material:

- Schwarzes Senfmehl = *Semen Sinapis pulv.* (ca. 100 g pro Auflage),
- körperwarmes Wasser,
- 1 Schüssel,
- 1 Rührlöffel,
- etwas Küchenpapier oder Zellstoff,
- 1 Innentuch (Geschirrtuch oder Mullwindel),
- 1 Außentuch (Duschtuch oder sonstiges Tuch, das einmal rund um den Oberkörper reicht und noch etwas übereinanderlappt),
- Küchenwecker,
- pflanzliches Körperöl ohne ätherischen Ölzusatz.

Durchführung:

Das Senfmehl wird mit körperwarmem Wasser zu einem streichfähigen Brei angerührt (Abb. 5.**3 a**).

! Wird Senfmehl mit Wasser mit einer höheren Temperatur als 50 °C angerührt, kann

Abb. 5.**2**

Abb. 5.**3 a**

Abb. 5.**3 b**

sich der Wirkstoff (Senföl) nicht entfalten, und die erwünschte Hautreizung bleibt aus.

Dann 1 Blatt Küchenpapier oder Zellstoff auf das ausgebreitete Innentuch legen, den Senfbrei auf ca. 20×20 cm messerrückendick darauf ausstreichen und mit einem zweiten Blatt Küchenpapier bedecken (das Papier verhindert ein Festkleben des Senfbreis im Tuch, (Abb. 5.**3 b**).

Das Senfpäckchen in das Tuch einschlagen, die Ränder alle nach einer Seite (nach oben) schlagen (Abb. 5.**3 c**).

! Bei kreislauflabilen Personen empfiehlt es sich, zunächst eine Kreislaufkontrolle durchzuführen.

Dann wird das Außentuch unter dem Körper zurechtgelegt. Die Senfkompresse wird mit der einschichtigen Stoffseite auf Brust oder Rücken aufgelegt (Abb. 5.**3 d**). Zuvor jedoch prüfen, ob die Haut intakt ist. Hautdefekte, Pickel oder empfindliche Stellen, wie die Mamillen, mit einem kleinen Fettsalbenläppchen abdecken. Das Außentuch um den Brustkorb wickeln, und die Kleidung über allem glattziehen. Dann die Person gut zudekken und einen Küchenwecker stellen. Auf Wunsch eine Lagerung mit erhöhtem Oberkörper ermöglichen und das Fenster öffnen.

! Die Person während der Anwendung auf keinen Fall alleine lassen!

Schon nach kurzer Zeit ist ein heftiges Brennen spürbar. Nach ca. 3–4 Min. läßt der aggressive Reiz jedoch nach, und es wird stattdessen intensiv warm.

Anwendungsdauer:

Zunächst mit 6–8 Min. beginnen. Bei weiteren Anwendungen bis maximal 12 Min. steigern.

Nachbereitung:

Nach Abnahme der Senfkompresse hört das Brennen auf, ein intensives Wärmegefühl bleibt zurück. Eine abgegrenzte Hautrötung (wie nach starker Sonnenbestrahlung) ist möglicherweise noch für einige Stunden sichtbar. Nach dem Entfernen des Wickels

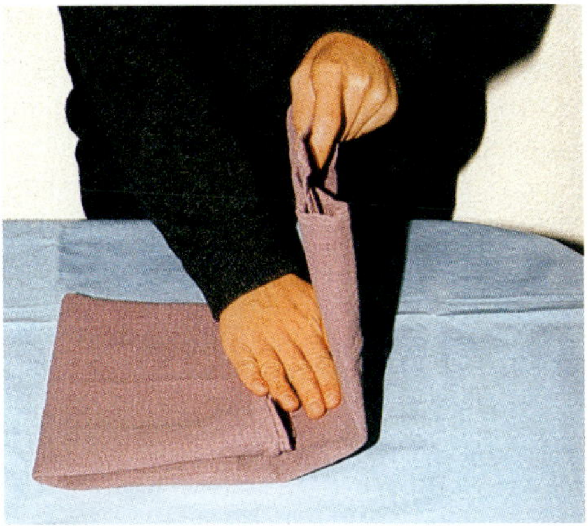

Abb. 5.**3 c**

den Rücken trocken abtupfen, um Feuchtigkeitsreste zu entfernen (Abb. 5.**3 e**). Nicht abwaschen, um den Hautreiz nicht zu verstärken.

Nun noch ein paar Tropfen Öl zart in die Haut einreiben, so wird die Wärmeempfindung noch ein wenig verlängert (Abb. 5.**3 f**).

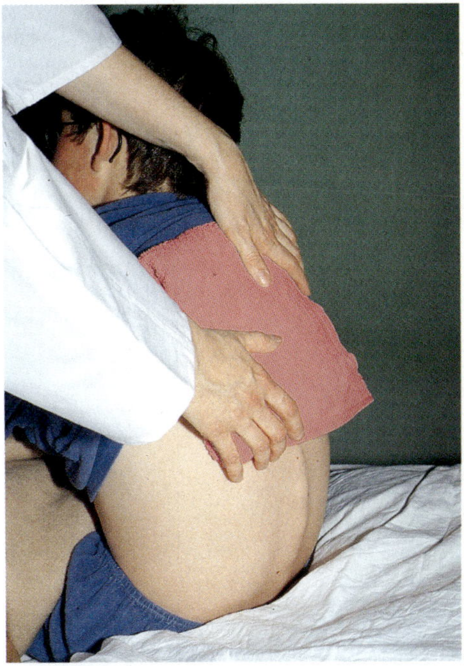

Abb. 5.**3 d**

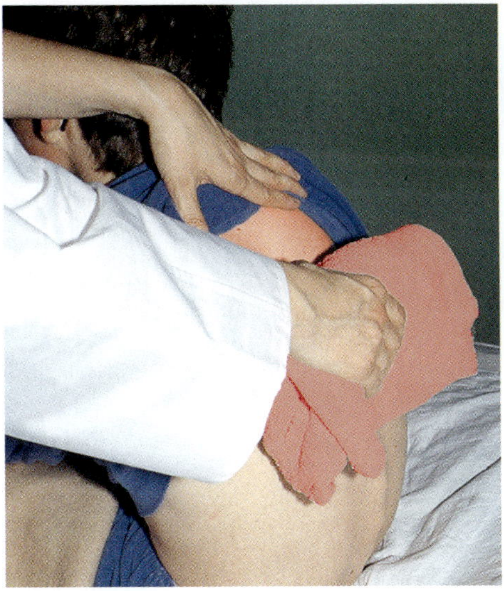

Abb. 5.**3 e**

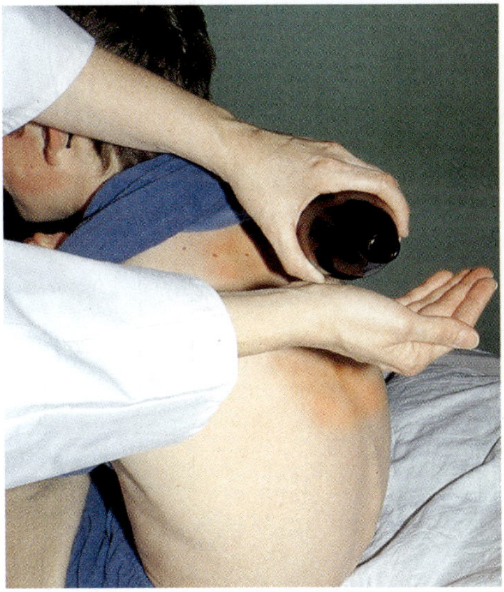

Abb. 5.**3 f**

Das Außentuch (sofern trocken) nochmals um den Oberkörper legen), Kleidung darüberziehen und wieder zudecken. Mindestens 15 Minuten nachruhen, dabei den Atemzügen und dem Wärmegefühl „nachlauschen“ lassen. Durch den dazwischengelegten Zellstoff läßt sich der Senfbrei leicht aus dem Tuch entfernen, dieses wird ausgewaschen und kann nach dem Trocknen wieder benützt werden.

Anwendungshäufigkeit:

Senfkompressen nur 1 × täglich anwenden, höchstens 5 Tage hintereinander, dann 2 Tage pausieren. Bei einer Langzeitanwendung (z. B. Asthma) 2–3 × wöchentlich über mehrere Wochen anwenden.

! Schwarzes Senfmehl nur in der Apotheke als *„Semen Sinapis pulv.“* besorgen, da anderswo als Senfmehl oder -gewürz gekaufte Substanzen eine unerwünschte und unangenehme Wirkung haben können. Schwarzes Senfmehl soll frisch geschrotet sein, bei längerer Lagerung läßt seine Wirkung nach.

Meerrettichauflage

Indiaktionen:

- Stirn- und Kieferhöhlenentzündung,
- (Neigung zu) hartnäckigem Schnupfen,
- Kopfschmerzen,
- Migräne,
- Blasenentzündung.

Kontraindikationen:

- Unverträglichkeit von Senföl (= hautreizende Substanz des Meerrettichs),
- bewußtlose oder verwirrte Patienten,
- Personen mit Sensibilitätsstörungen,
- Kinder.

Material:

- 1 EL frisch geraspelter Meerrettich,
- (Papier-)Taschentuch od. Mullkompresse,
- Heftpflaster,
- pflanzliches Körperöl ohne Zusatz ätherischer Öle.

Durchführung:

Den frisch geraspelten Meerrettich auf die Mitte des Tuchs geben und so einpacken, daß alle Ränder nach oben geschlagen werden (Abb. 5.**4 a–c**). Mit Heftpflaster zukleben und das Päckchen plattdrücken. Die Meerrettichauflage mit der nur von einer Stoffschicht bedeckten Seite auf die Haut auflegen:

- Bei einer Stirn- und Kieferhöhlenentzündung gerade oberhalb des tastbar hervorstehenden 7. Halswirbels (reflektorische Zone für die Nase bzw. den Nasen-Rachenraum),
- bei Kopfschmerzen und Migräne im Nacken (Abb. 5.**4 d**),
- bei Blasenentzündung auf die Blasenregion (Unterbauch).

Die Meerrettichauflage wird während der Anwendung von der Person selbst festgehalten, so kann sie auch rasch abgenommen werden, wenn das Brennen für die Person zu stark wird. Eine Meerrettichauflage verursacht ein der Senfkompresse sehr ähnliches Empfinden.

Anwendungsdauer:

Zunächst mit 4–6 Minuten beginnen. Bei weiteren Anwendungen bis maximal 10 Minuten steigern.

Nachbereitung:

Nach Entfernen der Meerrettichauflage die Haut mit einigen Tropfen Körperöl einreiben (nicht abwaschen, um den Hautreiz nicht zu verstärken), nach Möglichkeit mit einem weichen, (Hals-)Tuch abdecken, um so die nachklingende Wärmewirkung noch eine Zeitlang zu genießen. Das Brennen hört sofort auf, das Wärmegefühl und die Rötung halten meist noch eine bis mehrere Stunden an.

Anwendungshäufigkeit:

1× täglich, bis eine deutliche Linderung der Beschwerden spürbar ist (z. B. der Nasenschleim reichlich zu fließen beginnt oder der Stauungsschmerz sich löst). Nach spätestens 5 Tagen für 2 Tage pausieren.

▶ Meerrettich im Gläschen ist nicht geeignet, da er mit Zusatzstoffen gemischt ist. Besser: Merrettich auf Vorrat besorgen, waschen, in ca. 5 cm lange Stücke schneiden und einfrieren. Bei Bedarf aus dem Gefrierfach nehmen und noch gefroren raspeln. Dann sofort, wie oben beschrieben, auflegen. ◀

Abb. 5.**4 a**

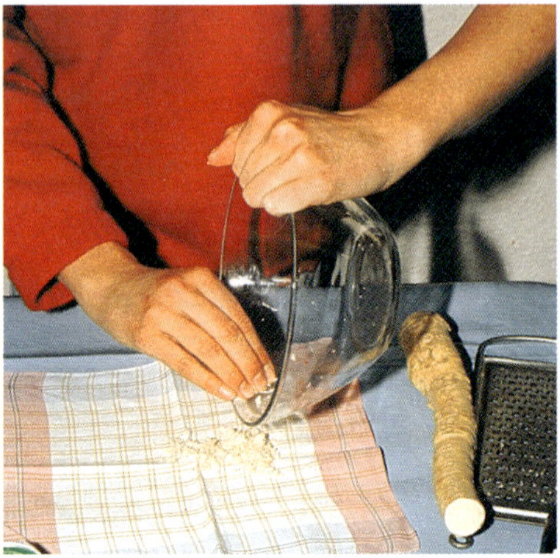

Abb. 5.**4 b**

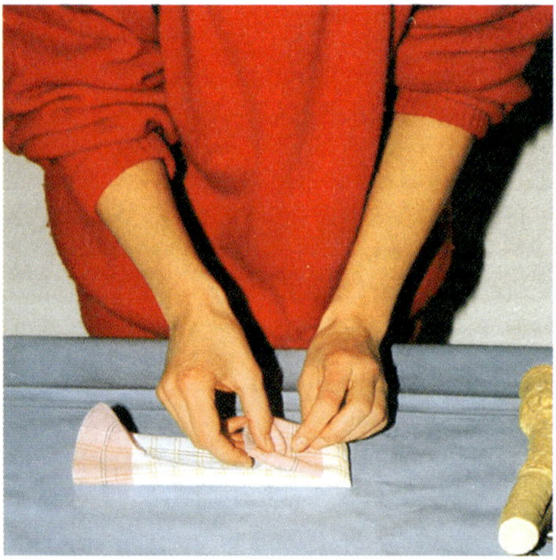

Abb. 5.**4 c**

Abb. 5.**4 d**

Ingwerkompresse

Eine Ingwerkompresse wirkt viel milder auf der Haut als eine Senfkompresse oder eine Meerrettichauflage. Die Wärmewirkung ist tiefer und subtiler, vergleichbar mit einer feucht-heißen Auflage; die Wärme läßt jedoch nicht nach, sondern breitet sich auf den ganzen Körper aus.

Indikationen:

- Zur Anregung der Ausscheidung über die Nieren (als Nierenauflage),
- zur Unterstützung der Atmung (als Kompresse auf Brust oder Rücken),
- bei Muskelverspannungen und -schmerzen (z. B. als Kompresse im Rücken),
- bei Gelenkschmerzen (als Gelenkwickel).

Kontraindikationen:

- Unverträglichkeit von Ingwer,
- Überempfindlichkeit der Haut,
- Niereninsuffizienz,
- bei psychisch labilen oder zu Depressionen neigenden Personen.

Material:

- 2 EL (möglichst frisch gemahlenes) Ingwerpulver = *Rhizoma Zingiberis mundat. plv. gross.* oder 5 EL fein geraspelte, frische Ingwerwurzel,
- 1 Meßbecher,
- 1 Schüssel,
- heißes Wasser,
- 1 Sieb,
- 1 Geschirrtuch oder Mullwindel,
- 1 Auswringtuch,
- 1 Außentuch,
- Küchenwecker.

Durchführung:

2 EL Ingwerpulver (oder geriebene, frische Wurzel) im Meßglas mit 1 Tasse heißem Wasser anrühren, 15 Min. zugedeckt quellen lassen, dann in die Schüssel abseihen (Abb. 5.**5a** u. **b**). Das Innentuch in der gewünschten Größe zurechtlegen, aufrollen, längs auf das auseinandergefaltete Auswringtuch legen und in diesem zu einer Rolle einwickeln (s. Abschn. „Feucht-heiße Wickel", S. 16).

1 1/2 Liter heißes Wasser zum Ingwerauszug in die Schüssel gießen (Abb. 5.**5c**), die Innentuchrolle eintauchen und vollsaugen lassen (Abb. 5.**5d**). Die Rolle sehr kräftig auswringen und so (noch ins Auswringtuch eingewickelt) zu der Person nehmen, die auf dem Außentuch bereitliegt.

Nun das Innentuch aus dem Auswringtuch auspacken, die Wärmeverträglichkeit an der Pulsseite des eigenen Handgelenks prüfen und auf die Haut auflegen. Dabei sich vergewissern, daß die Wärme von der Person als angenehm empfunden wird.

Das Außentuch wird nun straff darüber gewickelt, die Kleidung glatt gezogen und der ganze Körper – insbesondere die Füße – gut zugedeckt; dann den Wecker stellen (ca. 20 Min.). Für ruhige Umgebung sorgen, eventuell den Raum etwas abdunkeln.

Anwendungsdauer:

20–30 Min. nicht überschreiten. Eine Ingwerkompresse entfaltet eine langsam sich ausbreitende Wärme. Sie kann mit gesteigerter Sensibilität für Sinneswahrnehmungen einhergehen, führt möglicherweise zum Träumen und Dösen und danach meist zu erfrischtem Wachheitsgefühl.

Abb. 5.**5 a**

Abb. 5.**5 b**

Abb. 5.**5 c**

Abb. 5.**5 d**

Nachbereitung:

Nach Abnahme der Ingwerkompresse die Haut gut abtrocknen, die Person nochmals ins trockene Außentuch einhüllen und warm zudecken. 15–30 Min. nachruhen.

Anwendungshäufigkeit:

1× täglich, alle 5 Tage für 2 Tage pausieren.

▶ Die Qualität des Ingwerpulvers kann sehr unterschiedlich sein, deshalb frisch gemahlenen Ingwer von der Apotheke beziehen oder in Form von getrockneten Wurzelstückchen kaufen und in einer Kaffeemühle selbst mahlen. ◀

6 Kälteanwendungen

In ihren Auswirkungen auf den menschlichen Körper ist Kälte nicht gleich Kälte.

Kälteanwendungen, die mit ihrer Temperatur 20 °C und mehr unter der Körpertemperatur liegen, werden vom Körper als intensive Kälte empfunden. Sie bewirken eine vom Sympathikus gesteuerte Reaktion: Eine Gefäßverengung und eine leichte Blutdrucksteigerung, verbunden mit einer Stoffwechselanregung und einer Beschleunigung der Atmung.

Dauert der Kältereiz nur kurz, bzw. wird die Anwendung von Maßnahmen begleitet, die eine Wiedererwärmung forcieren, folgt eine reaktive Durchblutungssteigerung (durch einen Vagotonus). Es kommt zu einer aktiven, körpereigenen Wärmewirkung, u. U. so intensiv, daß die Person zu schwitzen beginnt. Dabei kommt es zur Entspannung der Muskulatur, auch die der inneren Hohlorgane.

Bei einer länger anhaltenden Einwirkung von intensiver Kälte hingegen (Eiswasserkompressen, Eisbeutel, Gelkissen usw.) wird ja gerade eine Gefäßverengung bezweckt, um z. B. eine Blutungsgefahr nach einem Trauma oder ein postoperatives Nachbluten zu verhindern.

Wenn jedoch eine Abkühlung (z. B. bei Fieber) angestrebt wird, dürfen die Anwendungen nur mäßig kalt sein (wenige bis maximal zehn Grad unter der Körpertemperatur) und müssen so feucht sein, daß sie durch entstehende Verdunstungskälte dem Körper Wärme entziehen. Eiswürfel im Wasser für *Wadenwickel* sind deshalb kontraproduktiv (und ausgesprochen unangenehm!) – sie verstärken die Tendenz zur Zentralisierung des Fiebers, weg von der Körperperipherie hin zum Körperzentrum.

Viele *Kneipp-Anwendungen* (z. B. der Lendenwickel) wirken nach dem Prinzip des kurzfristigen, intensiven Kältereizes, der über das vegetative Nervensystem wirkt und den Körper zur aktiven Wärmebildung anregt, die Stoffwechselaktivität steigert und damit zu einer besseren Ausscheidung über die Haut durch Schwitzen anregt. Solche Anwendungen können belebend, entkrampfend und entspannend wirken.

Eiskalte Anwendungen (Eiswasserkompressen, Eisbeutel usw.) sollten vermieden oder nur mit größter Vorsicht angewendet werden bei:

- Kindern (je jünger, desto vorsichtiger),
- alten Menschen (je älter, desto vorsichtiger),
- verwirrten oder bewußtlosen Personen,
- Durchblutungsstörungen,
- Sensibilitätsstörungen,
- Fieber,
- Harnwegsinfekt,
- Neigung zu Nervenreizungen,
- ausgekühlten und fröstelnden Personen.

Die vitalen inneren Organe im Rumpf- oder Kopfbereich sowie Körperstellen, die wenig Gewebspolsterung haben (manche Gelenke und Knochen), sind meist sehr kälteempfindlich, deshalb sollte grundsätzlich sehr sorgfältig geprüft werden, ob wirklich eine eiskalte Anwendung notwendig ist.

Wenn Kühlung und Abschwellung angestrebt werden (z. B. bei Verstauchungen, Hämatomen, Entzündungen, Sonnenbrand usw.), hat sich die Anwendung von Quark als sehr effektiv erwiesen.

Zitronenauflagen erweisen sich in der praktischen Anwendung als ausgesprochen hitze- und entzündungsableitend. Der Duft der Zitrone macht diese Wickel und Kompressen sehr beliebt.

Kalte Wickel nach Kneipp am Beispiel des Lendenwickels

Indikationen:

- Schlafstörungen,
- Verstopfung,
- Bauchweh aufgrund von Reizungen und Entzündungen im Bereich der Verdauungsorgane (Magen, Galle, Bauchspeicheldrüse, Darm),
- Bluthochdruck.

Kontraindikationen:

- Harnwegsinfekt,
- während der Menstruation,
- Durchblutungsstörungen (Arteriosklerose),
- ausgekühlte, fröstelnde Person.

Material:

- 1 Innentuch (möglichst aus Leinen, ca. 40 × 150 cm),
- 1 Zwischentuch (Flanell- od. dünnes Frottiertuch, ca. 50 × 150 cm),
- 1 Woll-Außentuch (45 × 150 cm),
- Schüssel mit kaltem Leitungswasser.

Durchführung:

Das Außentuch und das Zwischentuch werden im Bett quer unter der Person in Lendenhöhe bereitgelegt. Das Innentuch wird zu einer Doppelrolle von beiden Seiten her aufgewickelt, mit kaltem Wasser getränkt und gut ausgewrungen. Nun legt man es der sitzenden Person vom Rücken her an. Die Person legt sich dann hin, und das Innentuch wird nach vorne möglichst faltenlos, straff um den Unterleib gewickelt. Zwischen- und Außentuch werden satt darübergewickelt. Ein Lendenwickel soll in seiner Breite vom Rippenbogen bis zu den Oberschenkeln reichen (Abb. 6.**2**).

Den ganzen Körper gut warm in Decken einhüllen, insbesondere die Füße, damit eine gute Wiedererwärmung möglich ist.

Mögliche Zusätze:

Retterspitz Äußerlich (kalt) anstelle von Wasser.

Abb. 6.**1**

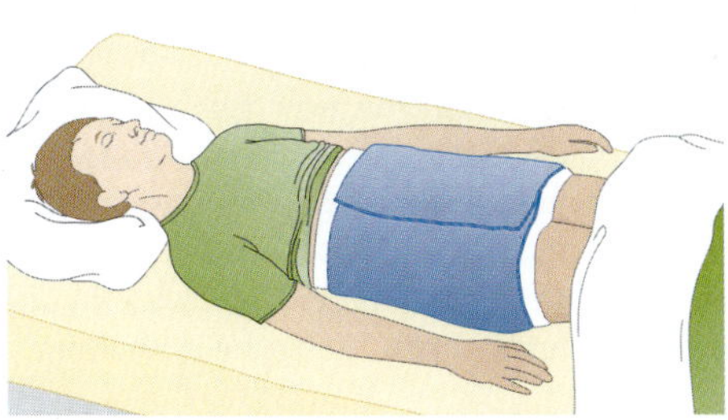

Abb. 6.**2**

Anwendungsdauer:

45–75 Min.; in dieser Zeit wird der Lendenwickel warm und kann schließlich bis zum Schwitzen führen.

Nachbereitung:

Den Lendenwickel abnehmen, nach starkem Schwitzen die Haut mit klarem Wasser abwaschen, gut abtrocknen und nochmals warm und trocken einhüllen. 15 Min. nachruhen und den Empfindungen „nachlauschen“ lassen.

Anwendungshäufigkeit:

1 × täglich, kurmäßig über 2–3 Wochen.

! Wenn der Wickel nach 10 Min. immer noch als kalt empfunden wird, Wärmflasche(n) an die Füße legen und ein heißes Getränk anbieten. Wenn weiterhin keine Erwärmung eintritt, den Wickel abnehmen.

Prießnitz-Halswickel

Indikationen:
- Akute Halsentzündung,
- akute und chronische Entzündungen im Nasenrachenraum und in den Nasennebenhöhlen.

Kontraindikationen:

- Beginnende Erkältung,
- Fieberanstieg (Schüttelfrost).

Material:

- 1 Leinentuch als Innentuch (z. B. Stofftaschentuch, halsbreit gelegt),
- 1 kleines Frottiertuch als Zwischentuch (z. B. Gästetuch, auf Halsbreite gelegt),
- 1 (Woll-)Strickschal als Außentuch,
- 1 Schüssel mit kaltem Leitungswasser.

Durchführung:

Das Innentuch naß machen, gut auswringen und möglichst faltenlos anlegen, dabei den Bereich der Halswirbelsäule frei lassen. Darüber das trockene Zwischentuch und den Strickschal zirkulär um den Hals wickeln und das Ende feststecken. Bettruhe einhalten.

Anwendungsdauer:

Bei akuter Entzündung abnehmen, sobald der Wickel sich erwärmt. Bei einem chronischen Prozeß kann ein solcher Halswickel auch über Nacht angelegt bleiben.

Nachbereitung:

Nach der Abnahme gut nachtrocknen, ein trockenes Halstuch umlegen und noch eine Weile im Warmen bleiben.

Anwendungshäufigkeit:

- 1 × täglich, solange eine akute Entzündung besteht,
- 1 × täglich abends, bei chronischen Prozessen über mehrere Wochen.

! Wenn während der Anwendung die Schmerzen schlimmer werden, sofort abbrechen.

Den Bereich der Halswirbelsäule im Nacken deshalb freilassen, weil die dort verlaufenden Nervenbahnen sehr kälteempfindlich reagieren können.

Eisanwendungen

Indikationen:

- Kurzzeitig (5–10 Min.): Zur Schmerzdämpfung (z. B. akute Ischialgie),
- für mehr als 10 Min.: Blutungsneigung, Schwellungen aufgrund von Verletzungen (Prellung, Zerrung, Verstauchung usw.).

Kontraindikationen:

- Nieren- und Harnwegsentzündungen,
- schwere Durchblutungsstörungen.

! Größte Vorsicht bei:
- Kleinen Kindern,
- alten Menschen,
- Personen mit Wahrnehmungsbeeinträchtigung (Bewußtlosigkeit, Verwirrtheit, Lähmungen).

Material:

- Eisbeutel oder Gelkissen,
- gefrorene Salzwasserkompresse: Z. B. Waschlappen od. Frottier-Gästetuch mit Salzwasser (1/2 TL Kochsalz pro Wasser) tränken, ausdrücken, glattstreichen und in einem Gefrierbeutel tiefkühlen,
- Schmierseifen-Gelkissen: einen Gefrierbeutel gewünschter Größe mit Schmierseife füllen, die gefüllte Fläche auf ca. 1–1,5 cm Dicke glattdrücken. Den Rand zweimal umknicken und zukleben oder verschweißen, dann tiefkühlen.

Durchführung:

Die gefrorene Kompresse in eine dünne Stoffhülle einwickeln und auf die Haut legen. Wegen der Gefahr von Kälteschäden muß die Auflagestelle sorgfältig beobachtet werden (s. S. 62).

! Das Gefrierfach sollte nicht kälter als –10° bis –15 °C sein, da sonst die Eisanwendungen leicht Kälteschäden am Gewebe verursachen. Wenn das Gefrierfach kälter ist, die gefrorene Kompresse 5–10 Min. vor der Anwendung herausnehmen und bei Zimmertemperatur liegen lassen.

Anwendungsdauer:

Damit die gefäßverengende Wirkung anhält und keine reaktive Durchblutungssteigerung eintritt, muß die Eisanwendung immer wieder erneuert werden. Die Gesamtdauer der Anwendung ist abhängig von der Indikation und sollte in Abstimmung mit der behandelnden Ärztin entschieden werden.

Nachbereitung:

Nach dem Beenden der Anwendung das gekühlte Gebiet weiterhin sorgfältig beobachten.

Anwendungshäufigkeit:

Je nach Indikation in Abstimmung mit der behandelnden Ärztin.

Abb. 6.**3**

! Die Auflagestelle beobachten: Die Haut muß rosa bleiben und darf nicht weiß werden. Bei krampfartigen Schmerzen die Auflage sofort entfernen. Besondere Vorsicht gilt an Stellen mit wenig Gewebspolsterung oder wo besonders empfindliche Nervenbahnen oberflächlich verlaufen (Finger, Zehen, Gesicht). Hier können negative Auswirkungen durch ein schützendes Abdecken der Umgebung abgemildert werden (z. B. Schützen der Nervenbahnen im Gesichtsbereich während der Auflage einer Eiskompresse nach Zahnextraktion durch Abdecken der empfindlichen Umgebung mit etwas Watte).

Erbsensäckchen

Gekühlte Erbsensäckchen geben eine sanftere Kälte ab als z. B. Eisbeutel.

Indikationen:

- Kälteanwendung bei akuten Gelenkbeschwerden,
- postoperative Vermeidung von Schwellungen,
- Vermeidung von Schwellungen bei Verstauchungen,
- Zerrungen,
- Prellungen,
- Kopfschmerzen.

Abb. 6.**4**

Kontraindikationen:

Keine bekannt.

Material:

1 Leinensäckchen (ca. 15 × 15 cm) oder beliebig großer, an beiden Enden verknoteter Schlauchmull, zu $^2/_3$ mit getrockneten Schälerbsen gefüllt.

Durchführung:

3–4 Säckchen herstellen, im Gefrierfach über 3–4 Std. kühlen, dann auflegen – bei Kopfschmerzen im Nacken oder auf die Stirn.

Anwendungsdauer:

Sobald das Säckchen an Kälte verliert, gegen ein kaltes aus dem Gefrierfach tauschen.

Anwendungshäufigkeit:

So oft, wie Kälte angebracht ist.

Wadenwickel

Indikationen:

- Fieber > 39 °C,
- Unruhe,
- Schlafstörungen (dann nur 1× anlegen, nicht erneuern).

! Fieber ist grundsätzlich eine wichtige Körperabwehrreaktion. Es sollte nur dann durch fiebersenkende Anwendungen gesenkt werden, wenn es die Person in ihrem Allgemeinbefinden zu sehr beeinträchtigt, schwächt oder gefährdet.

Kontraindikationen:

- Kalte Hände und Füße,
- Frösteln,
- Schüttelfrost.

Material:

- 1 Schüssel mit Wasser (Wassertemperatur sollte ca. 10 °C unter der Temperatur des Fiebernden liegen, d. h. es soll lau sein),
- 2 Baumwoll- od. Leinentücher (Geschirrtücher oder Mullwindeln),
- 1 großes Woll- oder Badetuch,
- Nässeschutz (Gummi, Liegelind o. ä.).

! Nässeschutz grundsätzlich nur unterlegen, niemals zirkulär um die Beine wickeln, da sonst ein Hitzestau entstehen kann, der die angestrebte Wärmeableitung behindert.

Durchführung:

Wenn die Füße kalt sind, erst für Erwärmung sorgen. Ein warmes Fußbad bewirkt dies am raschesten. Anschließend die Füße sorgfältig abtrocknen. In jedem Fall Socken anziehen, um die Füße während des Wickels warm zu halten. Schon das Erwärmen der Peripherie kann eine leichte Fieberabsenkung bewirken.

Die Innentücher wadenbreit zurechtlegen und aufrollen. Das Badetuch (evtl. mit einer Gummiunterlage darunter) unter den Waden quer ins Bett legen. Die Innentücher für den Wadenwickel in das Wasser tauchen und auswringen (Abb. 6.**5d**). Die feuchten Tücher an beiden Beinen zwischen Knie und Knöchel (Gelenke unbedingt freilassen!) lokker anlegen, damit Verdunstungskälte entstehen kann (Abb. 6.**5e**). Den Wadenwickel lose mit dem Bade- oder Wolltuch überdekken (Abb. 6.**5f**).

▶ Der Vorteil eines untergelegten Wolltuchs: Es schützt das Bett vor Nässe, jedoch ohne die Wärme zu stauen, und erspart einen weiteren Nässeschutz. ◀

Fiebernde sind sehr wärmelabil und sollten je nach Wunsch zugedeckt werden – z. B. nur mit dem Bettbezug, einer über das Fußende des Bettes gehängten oder über einen Bettbogen gelegten Bettdecke.

Das Grundwirkungsprinzip des Wadenwickels ist Verdunstungskälte. Alles, was eine gute Luftzirkulation um den Wadenwickel gewährleistet, ermöglicht deshalb Kühlung.

Nach wenigen Minuten die Wärme des Wadenwickels prüfen (Abb. 6.**5g**). Die Tücher entfernen, sobald sie aufgewärmt oder nur noch wenig feucht sind (nach ca. 5–10 Minuten, dies hängt jedoch auch von der Fieberhöhe ab), unter dem Wasserhahn auswaschen, erneut in der Schüssel tränken, auswringen und wieder anlegen.

Anwendungsdauer:

Insgesamt 3–4× wechseln (Gesamtdauer ca. 30–40 Minuten), dann pausieren.

Bei Fieber grundsätzlich reichlich zu Trinken anbieten, insbesondere bei kleinen Kindern

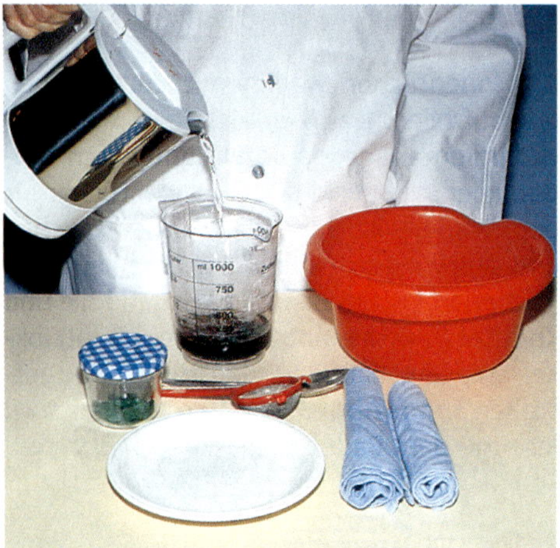

Abb. 6.**5 a**

Abb. 6.**5 b**

Abb. 6.**5 c**

Abb. 6.**5 d**

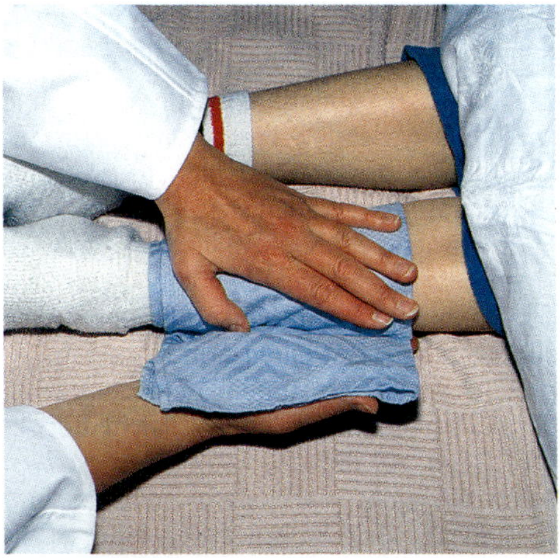

Abb. 6.**5e**

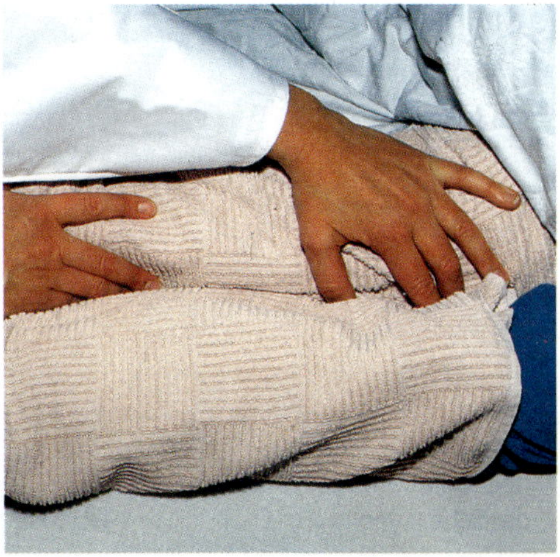

Abb. 6.**5f**

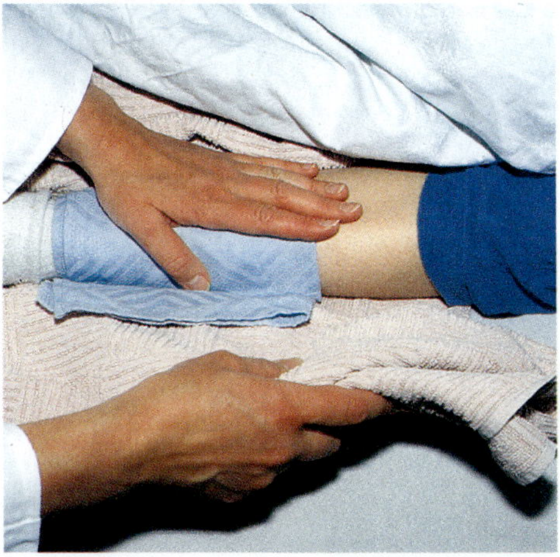

Abb. 6.**5g**

und alten Menschen (Wasser oder Kräutertee, keine Milch) (Abb. 6.**5h**).

Nachbereitung:

Frühestens nach 30 Min. die Körpertemperatur kontrollieren.

! Wadenwickel sollen nicht zu einem starken und allzu raschen Fieberabfall führen. Bis 0,5 °C weniger sind oft schon ein gutes Ergebnis.

Anwendungshäufigkeit:

Je nach der Dauer des Fiebers – meist reicht eine Serie Wadenwickel aus, um das Fieber zu senken.

Mögliche Zusätze:

- 1 Schuß Obstessig (erfrischend),
- Pfefferminztee (s. Abb. 6.**5 a–c**): Dazu einen Teeaufguß aus 4 EL Pfefferminzblättern (od. 4 Teebeuteln) vorbereiten, diese in einem kleinen Krug mit 1/2 Liter kochendem Wasser aufgießen, 5 Minuten zugedeckt ziehen lassen und durch ein Sieb in die Schüssel gießen. Dann noch 1 Liter kaltes Wasser hinzufügen.
- 1/2 Zitrone aus kontrolliert-biologischem Anbau auf dem Grund der Wasserschüssel sternförmig ringsum einschneiden und anritzen, dann auf dem Schüsselboden ausquetschen, wodurch ätherische Öle und Saft ins Wasser gelangen.

▶ Bei unruhigen Patienten kann anstelle der Innentücher ein Paar Baumwollkniestrümpfe mit abgeschnittenem Fußteil befeuchtet und angezogen werden. ◀

Alternative zum fiebersenkenden Wadenwickel:

Bei manchen Patientinnen eignet sich eine lau-kühle Waschung besser zur Fiebersenkung als ein Wadenwickel. Mit lauem Wasser (Temperatur s. Wadenwickel) – mit oder ohne Zusatz – wird die entkleidete, aber mit einem vor zu rascher Abkühlung schützenden Tuch abgedeckte Person etappenweise abgewaschen: Erst einen Arm mit dem ausgedrückten Waschlappen befeuchten, an der Luft trocknen lassen und leicht bedekken. Dann auf dieselbe Weise den zweiten Arm, ein Bein nach dem anderen und schließlich noch Rumpfvorder- und -rückseite befeuchten. Das Gesicht kann zu Beginn und/oder am Ende dieser Waschung erfrischend abgetupft werden. Vorteil dieser Art des Fiebersenkens ist es, daß sich die Patientinnen erfrischt und gepflegt fühlen. Der Zeitaufwand ist vergleichbar intensiv wie beim Wadenwickel.

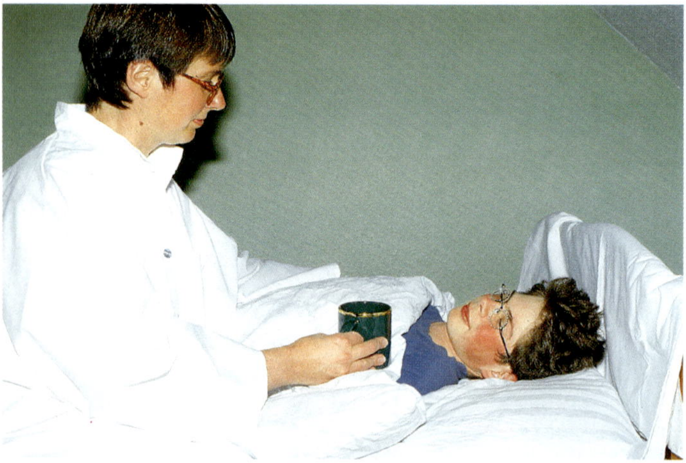

Abb. 6.**5 h**

Quarkauflage (kühl)

Indikationen:

- Gereizte, entzündete Venen infolge von Infusionen oder Blutabnahmen,
- gereizte, entzündete Krampfadern,
- Prellungen,
- Verstauchungen,
- Gelenksentzündungen,
- Hautprobleme:
  - Sonnenbrand,
  - Insektenstiche,
  - Ekzeme,
  - Akne,
  - Neurodermitis,
- Halsschmerzen und Heiserkeit,
- beginnende Abszeßbildung,
- Mastitis.

Kontraindikationen:

Milcheiweiß-Kontaktallergie.

! Meiden Sie Quarkanwendungen auf offenen Wunden (z. B. Ulcus cruris, Dekubitus etc.), um ein hygienisches Risiko auszuschließen.

Material:

- 1 Baumwolltuch oder 1 Mullkompresse (mindestens doppelt so groß wie die beabsichtigte Auflagefläche),
- naturbelassener, zimmerwarmer Speisequark (die Fettstufe ist unerheblich),
- 1 Messer,
- eventuell 1 dünne Mullbinde,
- 1 Nässeschutz zum Unterlegen.

! Keine Quark-Zubereitungen (auch keine geschmacksneutralen) benutzen, sondern grundsätzlich „Speisequark". Aus hygienischen Gründen kleine, abgepackte Quarkmengen besorgen, insbesondere im stationären Bereich täglich eine frisch gelieferte Portion verwenden.

Durchführung:

Den Quark ca. 1 cm dick auf das Tuch oder die Kompresse zu gewünschter Fläche ausstreichen, die Tuchränder alle nach innen einschlagen. Mit der nur von einer Stoffschicht bedeckten Seite auf die Haut legen. Bei Bedarf mit einer Mullbinde leicht befestigen und einen Nässeschutz unterlegen (fängt die Molke auf, s. Abb. 6.**6 b**–6.**6 d**).

Anwendungsdauer:

Bei akut entzündlichen Prozessen maximal 20 Min. (z. B. Mastitis, Abszeß).

Bei allen anderen Anwendungen: solange die Kühlung als angenehm empfunden wird. Spätestens dann, wenn der Quark einzutrocknen beginnt, das Päckchen abnehmen.

Nachbereitung:

Die Haut, falls nötig, trockentupfen.

Anwendungshäufigkeit:

Ein- bis mehrmals am Tag. Bei starken Reizungen zunächst eher in kurzen Abständen

Abb. 6.**6 a**

(ca. halbstündlich), bei Besserung dann nur noch 1–2 × täglich. Entscheidend ist, daß die Person die Quarkauflage als lindernd und wohltuend empfindet.

! Quark darf nicht zu kalt aufgetragen werden, da er bei empfindlichen Personen sonst Schmerzen (Gefäßkrämpfe) verursachen kann. Bei sehr ausgekühlten oder kachektischen Personen die Wärmeregulation sorgfältig während der Anwendung beobachten und eventuell die Häufigkeit der Anwendung verringern.

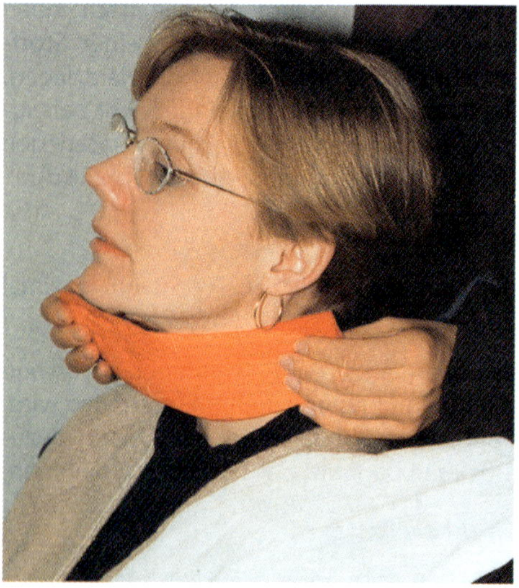

Abb. 6.**6 b**

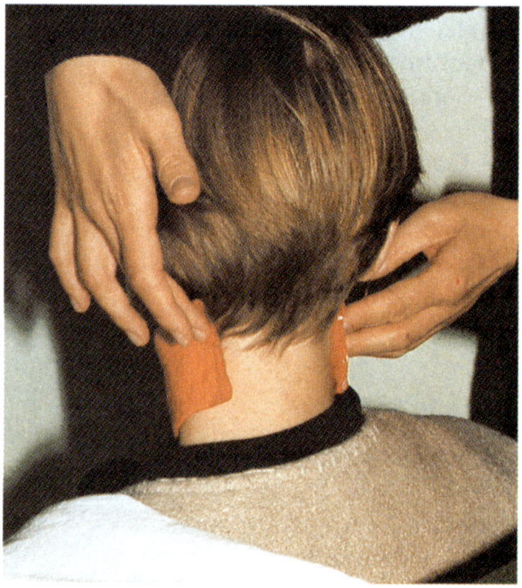

Abb. 6.**6 c**

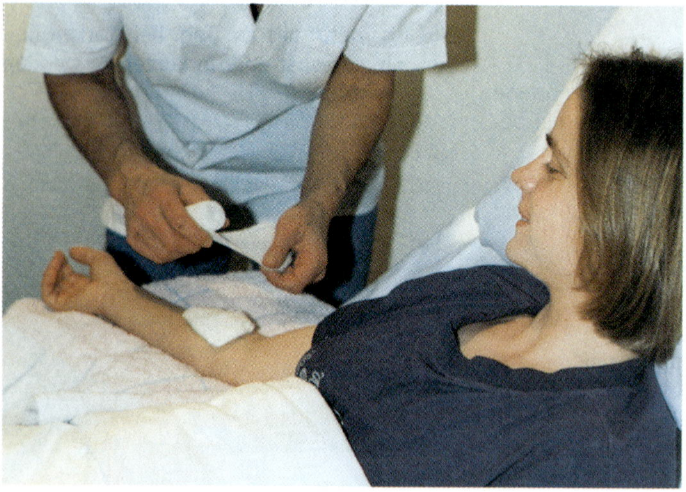

Abb. 6.**6 d**

Zitronenauflage (kühl)

Indikationen:

- Entzündungen der Mandeln oder des Rachens (als Halswickel),
- Fieber (als Fußsohlenauflage),
- Kopfschmerzen (als Fußsohlenauflage).

Kontraindikationen:

Nicht bekannt.

Material:

- 1 dünnes Baumwoll- oder Leinentuch entsprechender Größe,
- 1 Außentuch (für den Hals z. B. ein Frottierhandtuch, für die Fußsohlen Baumwollsocken),
- 1–2 Zitronen aus kontrolliert biologischem Anbau,
- 1 Brettchen,
- 1 Messer.

Durchführung:

Die Zitrone in dünne Scheiben schneiden und diese in einer Reihe nebeneinander legen (Abb. 6.**7 a**). Die Tuchränder darüberfalten und festdrücken. Mit der nur von einer Stoffschicht bedeckten Seite auf die Haut legen.

! Am Hals von Ohr zu Ohr von vorne anlegen und den Halswirbelsäulenbereich freilassen (Abb. 6.**6 b** u. **6 c**).

Das auf Halsbreite gelegte Frottierhandtuch zirkulär um den Hals wickeln, und eventuell mit einer Sicherheitsnadel befestigen (Abb. 6.**7 c**). An den Fußsohlen wird die Auflage durch das Überziehen von Baumwollsocken befestigt (Abb. 6.**7 e**).

Anwendungsdauer:

30–60 Minuten. Die Zitrone bewirkt auf der Haut am Hals ein Prickeln und eine leichte Rötung. Wenn dies als unangenehm empfunden wird, den Wickel abnehmen.

Bei Fieber (Fußsohlenauflage, s. Abb. 6.**7 d**)) nur 15 Minuten angelegt lassen, dann noch-

Abb. 6.**7 a**

Abb. 6.**7 b**

mals mit frischen Zitronenscheiben erneuern. Sowohl beim Halswickel als auch bei der Fußsohlenauflage während der Anwendung ruhen.

▶ Bei hautempfindlichen Personen und Kindern unter 10 Jahren anstelle der Zitronenscheiben das Tuch mit verdünntem Zitronensaft befeuchten (1–2 EL Zitronensaft auf 1 Tasse Wasser) und anlegen. ◀

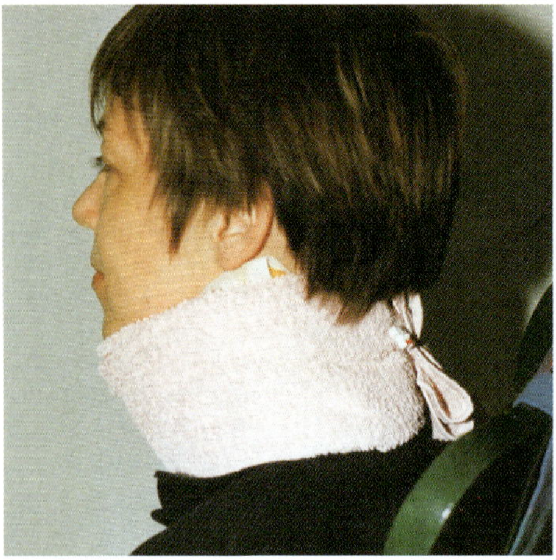

Abb. 6.**7c**

Nachbereitung:

Nach Abnahme der Zitronenauflage die Haut gut abtrocknen und einen weichen Schal umlegen bzw. warme Socken überziehen.

Anwendungshäufigkeit:

1× täglich, bei Fieber entsprechend mehrmals.

! Die Zitrone sollte unbedingt aus kontrolliert biologischem Anbau oder zumindest ungespritzt sein, da sonst Insektizidrückstände zu heftigen Hautreizungen führen können. Dies gilt sowohl für die Verwendung von Zitronenscheiben als auch von -saft.

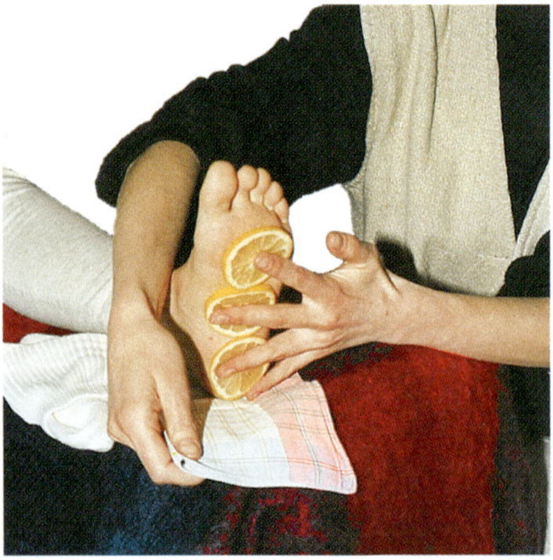

Abb. 6.**7d**

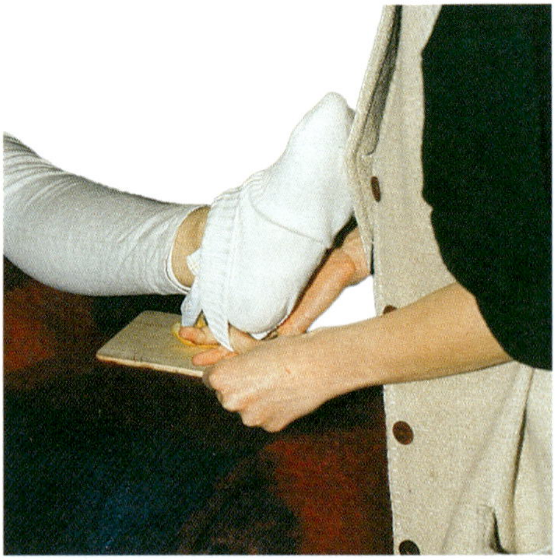

Abb. 6.**7e**

7
Sonstige Wickel und Auflagen

Im folgenden sollen noch einige Anwendungen vorgestellt werden, die sich nicht klar unter die bisherigen Kapitel zuordnen lassen.

Alkohol und verschiedene *Essenzen* von Heilpflanzen sowie die Anwendung von Heilerde sind mit geringem Aufwand in der Pflege anzuwenden, vorausgesetzt, die benötigten Substanzen wurden bereits aus der Apotheke bezogen. Diese Anwendungen haben eine große Indikationsbreite und sind sehr wirkungsvoll.

Der *Dunstwickel* ist die einzige Anwendung, bei der Umhüllen mit einer Kunststoffolie tatsächlich erlaubt ist, um eine Intensivierung der spezifischen Substanzwirkung zu erreichen.

Kohl wurde schon von den Römern nicht nur zu Nahrungszwecken sondern auch in der Heilkunde angewendet und wird heute in verschiedenen Krankenhäusern und ambulanten Pflegeeinrichtungen mit Erfolg von Pflegekräften eingesetzt. In der genaueren Auseinandersetzung mit einzelnen Kohlsorten bildete sich die Erfahrung, daß verschiedene Kohlsorten durchaus unterschiedliche Wirkungsschwerpunkte haben können.

Heilerde (ein spezieller Löß) hat kühlende und sorptionsfähige Eigenschaften und scheint, wegen der denkbar einfachen Handhabung, gerade in der professionellen Pflege gut einsetzbar, zumal dies eine nebenwirkungsfreie Anwendung ist.

Bockshornklee läßt sich kühl oder warm als Kataplasma einsetzen – eine altbekannte Maßnahme, die heutzutage eher in Vergessenheit geraten ist.

Auflagen mit Alkohol und Essenzen

Alkohol

Indikationen:

- Schwellungen,
- Verstauchungen,
- Prellungen,
- oberflächliche Venenentzündungen.

Dosierung:

1 Teil Alkohol 70% + 2 Teile Wasser.

Essigsaure Tonerde

Indikationen:

- Schwellungen,
- Verstauchungen,
- Prellungen,
- oberflächliche Venenentzündungen.

Dosierung:

1 EL auf 1/4 Liter Wasser.

Alkohol – Essigsaure-Tonerde-Gemisch

Indikationen:

S. Alkohol bzw. essigsaure Tonerde, ist jedoch besser verträglich.

Dosierung:

1 Teil Alkohol 70% + 1 Teil essigsaure Tonerde + 1 Teil Wasser.

Arnika-Essenz

Indikationen:

- Verstauchungen,
- Quetschungen,
- Blutergüsse,
- Gelenkentzündungen,
- nervöse Herzbeschwerden (nach Wunsch kühl bis warm),
- Angina pectoris (nach Wunsch kühl bis warm),
- chronische Arthritis (heiß),
- Gelenkschmerzen (heiß).

Dosierung:

1 TL Arnika-Essenz auf 1/4 Liter Wasser.

Borago 20%-Essenz

Indikationen:

- Krampfadern,
- Venenentzündungen.

Dosierung:

1 EL Borago-Essenz auf 1/2 Liter Wasser.

Calendula-Essenz

Indikationen:

- Schlecht heilende Wunden,
- Schürfungen,
- Prellungen,
- Krampfadern.

Dosierung:

1–2 TL Calendula-Essenz auf 1/4 Liter Wasser.

Combudoron-Essenz

Indikationen:

- Verbrennungen,
- Verbrühungen,
- Sonnenbrand,

- Nesselausschlag,
- Insektenstiche.

Dosierung:

1 Teil Combudoron + 9 Teile Wasser.

Oxalis 20%-Essenz

Indikationen:

- Reguliert Tätigkeit von Magen, Leber, Darm,
- krampflösend

(wird körperwarm angewendet).

Dosierung:

1 EL Oxalis auf 1/2 od. 1 Liter warmes Wasser.

Symphytum 20%-Essenz

Indikationen:

- Prellungen,
- Quetschungen,
- Hämatome,
- Zerrungen,
- Knochenbrüche,
- Gelenksentzündungen und -schmerzen,
- Unterstützung der Callusbildung.

Dosierung:

1 EL auf 1/4 Liter Wasser.

Kontraindikationen:

- Alkohol, essigsaure Tonerde und Arnika nicht auf offene Wunden bringen,
- Arnika und Combudoron nicht bei Arnika-Unverträglichkeit anwenden.

Material:

- Die gewünschte Essenz oder Alkohol,
- 1 kleine Schüssel,
- 1 Meßglas mit der entsprechenden Menge Wasser,
- 1 Löffel,
- 1 Baumwoll- od. Leinentuch in der entsprechenden Größe (2–4lagig),
- eventuell 1 Frottiertuch als Außentuch,
- bei Bedarf Nässeschutz zum Unterlegen.

▶ Alle genannten Essenzen gibt es fertig aus der Apotheke zu beziehen, sie müssen nur noch vor Gebrauch entsprechend mit Wasser verdünnt werden. Wenn in der Auflistung nicht anders angegeben, werden diese Auflagen kühl angewendet. ◀

Durchführung:

Die Zutaten genau abmessen und in der Schüssel mischen, das Tuch eintauchen, auswringen, auflegen und wenn nötig befestigen.

! Auflagen, die kühlen sollen, nur leicht abdecken. (Warme) Auflagen, die entkrampfen sollen, mit dem Frottiertuch abdecken und mit dem Außentuch umwickeln.

Anwendungsdauer:

- Kühlende Auflagen wechseln, sobald sie warm werden,
- warme, entkrampfende, so lange sie gut tun.

Anwendungshäufigkeit:

Ein- bis mehrmals täglich.

▶ Auflagen mit Essenzen lassen sich auch gut in einer kleinen Schüssel vorrichten, so daß die Person sich die entsprechende Auflage immer wieder selbst erneuern kann. ◀

Dunstwickel (mit Arnika-Essenz)

Indikationen:

- Chronische Gelenksentzündung,
- Gelenkschmerzen.

Kontraindikationen:

- Arnika-Unverträglichkeit,
- Hautdefekte im Auflagebereich.

Material:

- Wie bei Abschn. „Auflage mit Arnika-Essenz" S. 73,
- zusätzlich jedoch noch 1 Stück Kunststofffolie, groß genug, um das betroffene Gelenk umwickeln zu können.

Durchführung:

Wie bei Abschn. „Auflage mit Arnika-Essenz" S. 73, zusätzlich wird das Innentuch jedoch mit der Kunststoffolie umwickelt, so daß der Wickel nicht austrocknet, sondern das Gelenk für die Anwendungsdauer in „Arnika-Dunst" gehüllt ist.

Anwendungsdauer:

Ca. 1 Stunde.

Nachbereitung:

Nach der Abnahme die Haut sorgfältig abtrocknen, das Gelenk trocken und warm halten, 15–30 Min. nachruhen.

Anwendungshäufigkeit:

1 × täglich.

! Zu Beginn der Anwendung zweimal im Abstand von 5 Min. die Haut unter dem Dunstwickel sorgfältig beobachten. Wenn eine Hautirritation oder Rötung erscheint, die Anwendung sofort beenden (Arnika-Unverträglichkeit).

Heilerde

Indikationen:

- Hautprobleme (Furunkel, Ekzeme, Akne),
- Nagelbettentzündung,
- Venenentzündung,
- Lymphknotenschwellung,
- Mandelentzündung,
- Insektenstiche,
- Verbrennungen,
- entzündliche und degenerative Gelenkserkrankungen,
- Verstauchungen,
- Prellungen,
- beruhigend bei Hyperthyreose (als Halswickel).

Kontraindikationen:

Nicht bekannt.

Material:

- Luvos 2 – Heilerde,
- 1 Schüssel,
- 1 Spatel,
- Wasser oder Kräutertee,
- 1 dünnes Baumwolltuch oder 1 Mullkompresse,
- etwas Watte oder 1 kleines Zwischentuch,
- Befestigungsmaterial (Binde, Schlauchmull oder Außentuch).

Durchführung:

Heilerde mit wenig Wasser zu einem streichfähigen Brei verrühren, 1/2 cm dick direkt auf die Haut auftragen und mit dem dünnen Tuch oder der Mullkompresse bedecken. Bei besonders gereizten, empfindlichen Stellen, Heilerdebrei auf ein Tüchlein streichen, die Ränder nach oben übereinanderfalten, das Päckchen mit der nur von einer Gewebeschicht bedeckten Seite auf die Haut legen, mit dem Zwischentuch oder der Watte bedecken und befestigen.

Anstatt nur mit Wasser, kann Heilerde auch mit einem abgekühlten Kräutertee angerührt werden, z. B.:

- Kamille, Sanikel, Schachtelhalm bei Entzündungen der Haut oder Schleimhaut,
- Honigklee bei geschwollenen Krampfadern oder einer Venenentzündung,
- Wildes Stiefmütterchen bei Juckreiz, Ekzemen oder Hautausschlägen.

Anwendungsdauer:

So lange aufgelegt lassen, bis die Heilerde abgetrocknet ist und bröselig wird (ca. 1–2 Std.) oder die kühlende Wirkung nachgelassen hat.

Nachbereitung:

Heilerde-Reste mit lauwarmem Wasser abwaschen und Haut trockentupfen.

Anwendungshäufigkeit:

Bei akuten Beschwerden 1 × täglich, bis eine Besserung eintritt, oder bei chronischen Beschwerden 2–3 × wöchentlich über einige Wochen.

! Wenn bei Abnahme einer größerflächigen Heilerde-Auflage einige Stellen noch naß sind, deutet dies auf Durchblutungsstörungen in dem entsprechenden Bereich hin. Bei der nächsten Anwendung dünner auftragen.

▶ Bei regelmäßiger Heilerde-Anwendung trocknet die Haut vermehrt aus. Wenn nötig, kann Heilerde dann halb mit Wasser und halb mit Pflanzenöl angerührt werden. Nach der Anwendung kann man die Haut auch mit pflanzlichem Öl oder Creme nachfetten. ◀

Kohlauflage

Indikationen:

Eher Wirsing anwenden bei:
Schmerzen durch

- Entzündungen und Verletzungen der Gelenke,
- Gicht,
- Muskelzerrungen,
- infolge von Operationen und Vernarbungen,
- Abszeßbildung,
- Nagelbettentzündung,
- Ohrenweh.

Eher Weißkohl anwenden bei:

- Schlecht heilenden, unreinen Wunden und Geschwüren,
- Venenentzündungen,
- Gelenksergüssen,
- Mastitis,
- Insektenstichen.

Kontraindikationen:

Nicht bekannt.

Material:

- 1 Kopf Wirsing oder Weißkohl,
- 1 saubere Glasflasche,
- 1 Messer und Schneidebrett (nicht aus Holz),
- 1 dünnes Baumwolltuch oder Kompressen,
- 1 Binde zum Anwickeln bzw. 1 entsprechendes Tuch zum Befestigen,
- Bettschutz.

Durchführung:

Vom Kohl die dunklen, äußeren Blätter verwenden (gilt sowohl bei Wirsing als auch bei Weißkohl), abwaschen und trockentupfen, die dicken Blattadern herausschneiden (zur Druckvermeidung) und die Blätter auf einer Resopalunterlage mit der Glasflasche plattrollen, bis etwas Saft austritt.

! Kein Holzbrett und kein Wellholz benutzen, da diese zu viel Kohlsaft aufsaugen.

Auf intakter Haut die Wirsingblätter dachziegelartig übereinanderlappend anlegen, mit einer Tuchschicht bedecken und mit einer elastischen Binde befestigen. Für kleine Flächen die Kohlblätter in Streifen schneiden.

Für offene Wunden den Weißkohl genau auf die Größe der Wundfläche zurechtschneiden (damit das Sekret die Wundränder nicht angreift). Einen Wundverband mit Kompressen, Zellstoff und Binde darüberwickeln.

Anwendungsdauer:

Bei offenen Wunden eher 1/2–2 Std., bis Wundsekret abfließt und u. U. einen frischen Verband notwendig macht. Ansonsten 1–12 Std. (z. B. über Nacht).

Nachbereitung:

Nach Abnahme der Kohlauflage die Haut abwaschen und gut abtrocknen. Offene Wunden z. B. mit Ringerlösung spülen und mit einem frischen Verband versehen.

Anwendungshäufigkeit:

1–2 × täglich.

! Kohlanwendungen können manchmal sehr stark wirken und kurzzeitig die Schmerzen verstärken. Wenn innerhalb von 15–20 Min. keine Linderung eintritt, die Kohlauflage entfernen.

Häufig verfärbt sich der Kohl unter der Anwendung, wird braun und riecht unangenehm, dann die Auflage entfernen.

Bockshornkleeauflage

Indikationen:

- Warm:
  - Akute und chronische Gelenksentzündung,
  - Nasennebenhöhlenentzündung,
  - zum Erweichen von Furunkeln und Abszessen,
- kühl:
  - Akute Sehnenscheidenentzündung
  - Tennisellbogen.

Kontraindikationen:

Starke Hautempfindlichkeit.

Material:

- 2–4 EL Bockshornklee-Pulver (je nach Größe der Auflage),
- 1 kleine Schüssel,
- heißes Wasser,
- 1 Mullkompresse oder 1 Baumwolltuch,
- 1 Zwischentuch (z. B. kleines Frottiertuch),
- Befestigung (Binde oder abgeschnittener Strumpf (Abb. 7.**1**), Schlauchmull).

Durchführung:

- Warme Anwendung: Zubereitung wie bei der Leinsamenkompresse,
- kühle Anwendung: Das Bockshornklee-Pulver mit wenig Wasser zu einem streichfähigen Brei anrühren.

Den jeweiligen Brei 1 cm dick auf das Tüchlein streichen, die Ränder nach oben schlagen und das Päckchen mit der nur von einer Gewebeschicht bedeckten Seite auflegen und befestigen.

▶ Der Brei wird noch geschmeidiger, wenn 1 TL Öl mit eingerührt wird. ◀

Anwendungsdauer:

45 Min. bis 2 Std. (so lange es sich angenehm anfühlt).

Nachbereitung:

Nach Abnahme der warmen Anwendung die Auflagestelle warmhalten.

Anwendungshäufigkeit:

1 × täglich, bis zum Abklingen der Beschwerden.

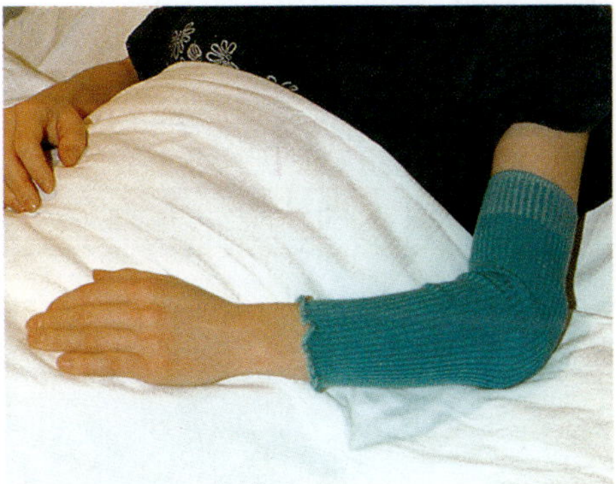

Abb. 7.**1**

Kirschkernsäckchen

Indikationen:

Als Anwendung trockener Wärme anstelle einer Wärmflasche oder eines Heizkissens:

- Verspannungen und Schmerzen im Rükken,
- kalte Füße,
- Bauchgrimmen,
- Entkrampfung unter der Geburt.

Kontraindikationen:

Nicht bekannt.

Material:

- 1 Leinensäckchen (ca. 20 × 25 cm), gut zur Hälfte gefüllt mit gründlich gewaschenen und gut getrockneten Kirschkernen (fertige Kirschkernsäckchen sind auch im Handel erhältlich),
- Wärmeschrank oder Heizkörper zum Aufwärmen.

Durchführung:

Das vorgewärmte Kirschkernsäckchen direkt auf den Körper auflegen, es schmiegt sich sehr gut an. Mit dem warmen Kirschkernsäckchen kann auch der Nacken oder Rükken (z. B. zwischen den Wehen) massiert werden.

Anwendungsdauer:

Nach Belieben. Das Kirschkernholz speichert die Wärme sehr gut und gibt sie nur langsam ab.

Anwendungshäufigkeit:

Nach Belieben.

▶ Kirschkernsäckchen können auch im Gefrierfach gekühlt und als Kälteanwendung genützt werden. ◀

8 Profi-Hintergrundwissen

Es ist immer wieder erstaunlich, wie breit die Methoden von Wickeln und Auflagen in der Pflege einsetzbar sind. Grundsätzliche, in den meisten Fachbereichen vorkommende Pflegeprobleme (Schlafstörungen, Verspannungen, Schmerz, Unruhe, Verdauungsprobleme usw.) können damit effektiv erleichtert werden. Auch in vielen speziellen Fachbereichen wurden von Pflegeprofis bereits nützliche Erfahrungen gemacht, so daß schon jetzt Tips an andere Kolleginnen aus diesen Fachbereichen weitergegeben werden können (s. Abschn. „Wickel und Auflagen in speziellen Bereichen der Pflege", S. 79).

Eine Reihe von Pflegeprofis hat, meist als Abschlußarbeit einer Weiterbildung, einzelne Wickelanwendungen genauer unter die Lupe genommen. Ihr Ziel war es, nähere Aussagen über Nutzen und Wirkung der jeweiligen Anwendung machen zu können. Nun wäre als weiterer Schritt eine wissenschaftliche Begleitung von Wickelanwendungen durch die Pflegeforschung wünschenswert, um verbindlichere Aussagen über die Effektivität, Wirtschaftlichkeit, Akzeptanz und vieles mehr machen zu können (s. Abschn. „Wickel und Auflagen unter der Lupe", S. 85).

Zum professionellen Umgang mit Wickeln und Auflagen gehört ohne Zweifel eine gute Pflegeplanung und -dokumentation. Obwohl Wickel und Auflagen eine pflegetherapeutische Maßnahme sind, muß eine Abstimmung z. B. mit der behandelnden Ärztin erfolgen. Rechtliche Aspekte (Wer ist befugt, solche Methoden anzuordnen? Wer trägt die Verantwortung? usw.) sowie die gültigen Bestimmungen bezüglich der Kostenerstattung müssen bekannt sein (s. Abschn. „Rechtliche Aspekte", S. 87).

Wickel und Auflagen in speziellen Bereichen der Pflege

Wickel und Auflagen haben ihre Stärke gerade bei den Beschwerden, die bei kranken (und „gesunden"!) Menschen jeder Altersstufe und bei den unterschiedlichsten Grunderkrankungen häufig vorkommen. Solche Beschwerden stellen sich für die Pflege als Pflegeprobleme dar, die Lösungen erfordern – z. B. Schlafschwierigkeiten, Unruhezustände, Schmerzen, Verdauungsprobleme (insbesondere Verstopfung), Atemgefährdung usw. Darüber hinaus können Wickelanwendungen schlicht ein Wohlgefühl vermitteln und zur Ruhe kommen lassen, was in allen Fachbereichen von den Betroffenen dankbar angenommen wird.

Die Erfahrung zeigt jedoch, daß z. B. nach einer Fortbildung über Wickel und Auflagen der Transfer der mitgebrachten Ideen und Impulse angesichts des eigenen Fachgebiets plötzlich ins Stocken gerät. Nun gibt es fast keinen Fachbereich, wo nicht schon entsprechende Erfahrungen mit der direkten Anwendung, Anleitung und Beratung hinsichtlich von Wickeln und Auflagen gesammelt worden wären. Manches davon ist bereits in Pflege-Facharbeiten eingeflossen oder in Fachartikeln veröffentlicht worden (s. Literaturliste).

Hier folgen einige konkrete Ansätze aus der Praxis, die vielleicht die Umsetzungsmöglichkeiten im eigenen Fachbereich sichtbar werden lassen.

In der **Altenpflege** sind Wickel und Auflagen Methoden, die vielen alten Menschen von früher noch bekannt und vertraut sind. Sie stoßen damit auf eine hohe Akzeptanz, bewirken Vertrauen und positive Erwartungen. Ein weiterer Vorteil ist, daß mit Wickeln und Auflagen unnötige Medikamentengaben, die bei alten Menschen oft andere Aus- und Nebenwirkungen haben als bei jüngeren, vermieden oder zumindest hinausgezögert werden können. Vorsicht ist grundsätzlich mit sehr heißen und extrem kalten Anwendungen geboten, weil sich die Verträglichkeit von intensiver Hitze oder Kälte, aber auch von bestimmten Zusätzen (z. B. ätherischen Ölen) im Alter oder durch zugrundeliegende schwere chronische Erkrankungen verändern kann.

Obwohl in der **ambulanten Pflege** eigentlich sämtliche speziellen Pflegebereiche, nur eben unter häuslichen Bedingungen, vertreten sind, sei dieser Bereich hier trotzdem angeführt. In der ambulanten Pflege lassen sich Wickel und Auflagen mit einer Eigenverantwortlichkeit durch die Pflegefachkraft einsetzen, wie sonst fast nirgends (s. hierzu auch Abschn. „Rechtliche Aspekte“, S. 88). Hinzu kommt noch die Chance, die Patientinnen oder ihre Angehörigen während einer oft langfristigen Betreuung besser einbeziehen zu können als dies im stationären Bereich manchmal möglich ist. Möglicherweise kann hier die Anwendung teilweise oder ganz von den Patientinnen oder den pflegenden Angehörigen übernommen werden.

Im Themenkatalog von Kursen für häusliche Krankenpflege hat sich ein Abend über Wickel und Auflagen immer als besonders beliebt erwiesen. Läßt sich doch dieses Wissen auch bei den üblichen Wehwehchen und Alltagsbeschwerden im Rahmen der Selbstpflege und in jeder „gesunden“ Familie hilfreich anwenden.

In der **Kinderkrankenpflege** gehörten Wickel und Auflagen ursprünglich zum Grundwissen über die Pflege des kranken Kindes. Für Kinder haben diese Anwendungen viel mit Kontakt, Nähe oder Kuscheln zu tun, aber auch damit, daß sie bei einem Wickel die ungeteilte Aufmerksamkeit und Zuwendung von Mutter, Vater oder der Pflegeperson bekommen – vielleicht sogar noch verknüpft mit dem Bonus einer vorgelesenen Geschichte oder dem gemeinsamen Anschauen eines Bilderbuchs. Wichtig ist, daß man als Erwachsener sich sehr sensibel auf die Empfindlichkeit des Kindes gegenüber Hitze oder Gerüchen einstellt und nicht mit zu heißen, zu engen, zu lang andauernden, womöglich noch hautreizenden Maßnahmen das Kind überfordert und ihm Wickel grundsätzlich verleidet. Intensive Hitze und Kälte sind bei Säuglingen zu meiden bzw., wenn unumgänglich, nur mit der allergrößten Sorgfalt anzuwenden. Ätherische Öle sollten vor dem 6. Lebensmonat nicht verwendet werden, danach nur in kindgemäßer Verdünnung. Anfängliche Skepsis kann häufig durch gewinnende Tricks überwunden werden. So lenkt es z. B. von der Ängstlichkeit gegenüber dem noch unbekannten Wickel ab, wenn der Teddybär oder die Puppe zuerst einen Wickel verpaßt bekommt. Kinder lernen sehr schnell, etwas zu akzeptieren, was ihnen wohltut und Linderung verschafft. Da man auch bei Kindern wenn möglich, Medikamente zu vermeiden versucht, bieten sich Wickel und Auflagen als willkommene Alternative an.

In der **Gynäkologie und Geburtshilfe** eignen sich Wickel und Auflagen vor allem bei den funktionellen Störungen, die häufig zur vorschnellen Verordnung von Medikamenten (Hormone, Schmerzmittel usw.) führen. Mädchen und Frauen, die von Menstruationsbeschwerden und -krämpfen geplagt sind, bekommen neben der Linderung durch einen Wickel meist auch einen anderen Bezug zu ihrem Körper.

Schwangerschaft ist ein gesunder Zustand und deshalb als solcher keine Kontraindikation für Wickel und Auflagen. Im Gegenteil: Bei den verschiedenen durch die veränderten physiologischen Gegebenheiten verursachten Befindlichkeitsbeeinträchtigungen bieten sich Wickel und Auflagen oft als ideale Abhilfe oder Erleichterung an. Viele Medikamente (auch viele Mittel zur Selbstmedikation aus der Hausapotheke, wie z. B. Abführtees) sind während der Schwangerschaft kontraindiziert. Wichtig ist es, sich bei der schwangeren Frau vorab zu versichern, daß die Schwangerschaft problemlos und normal verläuft, ansonsten sollte die betreuende Hebamme oder der behandelnde Frauenarzt befragt werden. Zu heiße oder beengende Anwendungen sind, je weiter die Schwangerschaft fortgeschritten ist, eher ungeeignet. Wichtig ist, daß auch hier die Frau bestimmt, was ihr wohltut und wie lange die Anwendung dauert. Eine Anwendung auf dem Lenden-Sakral-Bereich wird meist einer auf dem Bauch vorgezogen und ist genauso wirkungsvoll (bei Verstopfung, gleichzeitig auch Rückenschmerzen lindernd und entkrampfend). Rückenlage sollte grundsätzlich vermieden werden (Vermeidung des Vena-cava-inferior-Syndroms), stattdessen die Frau auf der linken Seite, evtl. mit einem Stillkissen im Rücken, lagern.

In der **Psychiatrischen Pflege** kommen unterschiedliche, z. T. auch durch Grundprinzipien der jeweiligen Therapie bestimmte Aspekte zum Tragen. Psychoanalytisch ausgerichtete Behandlungen vermeiden oft solche Anwendungen, da darin eine Gefahr des Regredierens in kindliche Verhaltensmuster gesehen wird. Sie streben an, die Probleme eher durch Bewußtmachen und psychisches Aufarbeiten zu bewältigen. Andere therapeutische Richtungen begrüßen Methoden wie Wickel und Auflagen, da sie eine Chance bieten, den bei psychisch Kranken oft gestörten Bezug zur eigenen Körperwahrnehmung zu verbessern. Die Kranken lernen dadurch, anders mit sich umzugehen. Besonders bei Suchtkranken (z. B. bei Medikamentenabusus) lassen sich mit Wickeln und Auflagen andere Möglichkeiten der Linderung von Beschwerden (insbesondere Schmerzen) erlernen. In einem ganzheitlichen Therapieansatz wird auch Wert darauf gelegt, die Leber durch entsprechende Anwendungen zu stärken, da bei psychisch Kranken oft eine Schwäche des Stoffwechsels und der Leberfunktion vorliegt.

Patientinnen mit schweren, chronischen Schmerzen findet man in einer Reihe von Fachbereichen. Grundsätzlich sollte versucht werden, herauszufinden, was den Schmerz verursacht oder auslöst, um dementsprechend eine Anwendung auszuwählen. Oft werden Schmerzzustände durch Begleitfaktoren bestimmt, wie z. B. Verstopfung bei heftigen Kopfschmerzen. Dann kann eine feucht-heiße Bauchauflage der Verstopfung Abhilfe verschaffen und die Kopfschmerzen damit lindern. Oder eine Schwellung, die einen lokalen Schmerz klopfend und hämmernd werden läßt – eine kühlende Quarkauflage könnte beruhigen. Unruhe oder Verspanntheit, die Schmerzen noch eskalieren lassen, könnten durch eine wärmende, lokale (z. B. Johannisöl-)Kompresse oder eventuell eine peripher-ableitende Anwendung (z. B. Zitronenscheiben auf die Fußsohlen) entspannt werden. Man sollte also möglichst verschiedene Faktoren ganzheitlich miteinander verknüpfen, den ganzen Menschen mit einbeziehen und individuell das anwenden, was gerade diesem Menschen jetzt am wohlsten tut. D. h., daß es sich für diese Person wohl und stimmig anfühlen muß, sonst ist die Anwendung abzubrechen. Selbst wenn man Schmerzen nun nicht mit einem Wickel oder einer Kompresse komplett in den Griff bekommt (wie vermutlich bei schweren Schmerzzuständen) ist es oft ein Gewinn, wenn die Schmerzmedikation mit Hilfe begleitender Anwendungen besser wirksam und dadurch möglichst niedrig dosiert werden kann.

Bei **Palliativpatientinnen** ist die Schmerzbekämpfung ein wichtiger Aspekt. Bekommen diese Patientinnen Morphinpräparate, so befürchten manche, daß heiße Anwendungen wegen eingeschränkter Wahrnehmung eher gefährdend sein könnten. Grundsätzlich wirkt bei einer Person, deren Schmerzmedikation fachkundig eingestellt ist, das Morphium eher zentral als peripher und ist dann auch nicht bewußtseins- und reaktionseinschränkend. Es wird jedoch oft beobachtet, daß bei Patientinnen in der Palliativpflege eher ein Hitzestau-Gefühl vorherrscht und es ihnen mehr nach Kühlung und Befreiung ist (Decke zurückschlagen, keine einengende Kleidung). Alle Maßnahmen, die wohltun und lindern, sind angebracht – sei es die reizlindernde Quarkauflage auf die entzündete Vene nach der Zytostatika-Infusion, eine wohlriechende Ölkompresse bei Unruhe oder eine entkrampfende Blasenauflage bei einer Reizblase. Vorsicht gilt allerdings bei der Verwendung von ätherischen Ölen bei bewußtseinsgetrübten, vielleicht sogar sterbenden Patientinnen. Düfte können für die betreffende Person sowohl angenehme als auch unangenehme Assoziationen aus dem Unterbewußtsein oder der Erinnerung hervorholen und beunruhigend oder gar quälend werden. Ätherische Öle deshalb nur mit der Zustimmung der Person anwenden. Selbstverständlich sind Wickel und Auflagen auch dann nicht (mehr) angebracht, wenn die dazu nötigen Bewegungen und das Umlagern zu viel Streß verursachen würden. Bei manchen Patientinnen verursacht ein Tumor Druck und damit Sensibilitätsausfälle – dann muß mit intensiv-heißen und kalten Anwendungen besonders aufgepaßt werden. Außerdem gilt die Regel, daß man da, wo sich der Tumor befindet, keine besonderen Manipulationen, auch keine intensiven Hitze- oder Kälteanwendungen, vornehmen sollte. Bei akuter Blutungsgefahr oder bei bestrahlter Haut sollten Wickel und Auflagen ebenfalls vermieden werden – auf jeden Fall vorher mit der behandelnden Ärztin beraten.

Die spezifischen Probleme von **Stomapatientinnen** sind oft durch die Rektumamputation bedingt, die wiederum ausstrahlende Vernarbungsschmerzen (das Sitzen ist erschwert und schmerzhaft) und funktionelle Beeinträchtigungen verursacht (erschwerte Blasenentleerung mit hohen Restharnmengen, beeinträchtigte sexuelle Funktion). Eukalyptus-Blasenauflagen und feucht-heiße Anwendungen, auf den Bauch oder auf den Rücken gelegt, sind eine Möglichkeit, Verkrampfungen zu lösen. Mit den feucht-heißen Anwendungen unterstützt man auch gleich die Obstipationsprophylaxe. Grundsätzlich sind bei diesen Menschen alle Wikkel, die ein Wohlgefühl an Leib und Seele bewirken, angebracht – und sei es eine entspannende Nackenkompresse.

Ähnlilches gilt auch für **Inkontinenzpatientinnen,** bei denen z. B. eine entkrampfende (Eukalyptus-)Blasenauflage eine effizientere Blasenentleerung ermöglicht. Auch bei diesen Patientinnen sind Wickel und Auflagen, die ein entspannteres Körpergefühl bewirken, eine Hilfe für die Blasenfunktion. Selbst bei Patienten mit Prostatahypertrophie sollte ein Versuch gewagt werden – so die Erfahrung von Pflegefachkräften – möglichst rechtzeitig zu entkrampfen, bevor es zu einem ausgeprägten Harnverhalten kommt. Meist blockiert die vergrößerte Prostata nicht nur die Entleerung, sondern verhindert gleichzeitig auch eine Entkrampfung.

Dialysepatientinnen werden der Pflegekraft wohl weniger die Gelegenheit bieten, direkt Wickel oder Auflagen an ihnen anzuwenden, da sie ja meist nur für die Zeit der Dialyse in der Klinik sind. Eine Ausnahme wäre es, wenn sich der Shunt einmal entzünden sollte, hier kann die Umgebung gut mit Quarkauflagen gekühlt und zum Abblassen gebracht werden. Auch neigen Dialysepatientinnen aufgrund der eingeschränkten Flüssigkeitsmenge, die ihnen zu trinken erlaubt ist, zu starker Obstipation. Hier können feucht-heiße Bauchauflagen empfohlen werden, die diese Patientinnen zu Hause regelmäßig bei sich selbst anwenden sollten. Unter den Dialysepatientinnen gibt es viele, die aufgrund eines jahrelangen Schmerzmittelabusus ihre gesunde Nierenfunktion eingebüßt haben. Für solche Menschen ist es wichtig, Alternativen zu Schmerzmitteln kennenzulernen, um sich z. B. bei Kopfschmerzen auf unschädliche Weise Linderung zu schaffen. Grundsätzlich ist zu beachten, daß Dialysepatientinnen kreislaufinstabil sein können. In diesem Fall ist von intensiver Wärme eher abzuraten, weil sonst ihr Kreislauf noch mehr „wegsacken“ kann.

Daß in der **Intensivpflege** eine Pflegefachkraft im allgemeinen nur zwischen 1–3 Patientinnen zu betreuen hat, ist eine besonders günstige Voraussetzung, um Wickel und Auflagen anwenden zu können. Auch in diesem Fachbereich gibt es seit einigen Jahren Erfahrungen mit solchen behutsamen Methoden. Fieberzustände sind häufig auftretende Pflegeprobleme, hier erleben fiebersenkende Wadenwickel oder kühlende Waschungen eine Renaissance. Gerade im Intensivbereich gibt es natürlich auch besonders schwere, komplizierte Fieberzustände, bei denen möglicherweise eine wärmeableitende Maßnahme (z. B. Wadenwickel) mit einer gezielt dosierten Medikamentenverabreichung kombiniert werden muß. Unruhezustände oder Schlafprobleme können – mit dem nötigen Fingerspitzengefühl – durch Wickel und Auflagen verbessert werden. Die Unterstützung der Atmung ist ebenfalls ein Bereich, in dem Wickel oder Auflagen eingesetzt werden und zu einer deutlich meßbaren Verlangsamung und Vertiefung der Atmung führen können. Wichtig ist bei allen Maßnahmen, daß man insbesondere bei bewußtlosen Patientinnen intensiv heiße oder kalte Anwendungen oder solche mit ätherischen Ölen oder hautreizenden Substanzen eher meidet. Nach neueren Erkenntnissen kann man davon ausgehen, daß bewußtlose Menschen solche Empfindungen wahrnehmen, ihnen aber nicht zustimmen oder sie ablehnen können und ihnen somit hilflos ausgeliefert sind. Selbstverständlich wird auch in der Intensivpflege, wo bei den meisten Patientinnen Infusionen angelegt sind, gerne mit Quarkauflagen im Falle einer Thrombophlebitis nach Entfernen des venösen Zugangs gearbeitet.

Wickel und Auflagen halten wieder Einzug in den **Pflegeunterricht.** Leider läuft die Anleitung im Pflegealltag auf den Stationen oft nicht parallel und unterstützend, um das Gelernte in der Praxis zu erfahren und einzuüben. Um so wichtiger ist es, den Unterricht so zu gestalten, daß die Lernenden es so praktisch wie möglich vermittelt bekommen. Manche Schulen gestalten einen Projekttag zum Thema Wickel und verknüpfen damit auch wichtige Möglichkeiten der Selbstpflege. In Gruppenaktivitäten (es gibt dazu auch praxisnahe Wickelposter, die die einzelnen Anwendungsschritte in Bild und Text zeigen) können die Lernenden nicht nur theoretisch, sondern auch praktisch den Umgang mit Wickeln und Auflagen erleben. Mindestens eine Anwendung sollte von jeder Lernenden selbst erlebt worden sein, um nachvollziehen zu können, wie sehr es oft auf unwesentlich scheinende Kleinigkeiten ankommt (z. B. ob der Quark direkt aus dem Kühlschrank entnommen und aufgelegt wird oder vorher bei Zimmertemperatur seine Kälte etwas verlieren konnte). Ein Leitfaden, worauf man beim Wickelerleben alles achten kann und was nachzuspüren ist (Beispiel s. Anhang), vertieft die Eigenerfahrung. Einige Anwendungen (z. B. Senf od. Meerrettich) müssen – zumindest als Pröbchen – auf der eigenen Haut ausprobiert werden, bevor sie an Patientinnen angewendet werden dürfen. Welches Material nötig und was davon auf Station verfügbar ist, sollte genauso durchgesprochen werden, wie die einzelnen Schritte beim Anlegen eines Wickels, um dabei systematisch arbeiten zu lernen. Neben der Vermittlung von Grundwissen an einem Projekttag, lassen sich Wickel und Auflagen auch gut didaktisch verknüpft unterrichten, indem man sie bei den einzelnen ATLs nochmals einbaut (z. B. Temperaturregelung, Pflege Fieberkranker, Wadenwickel). Übrigens: Wer selbst nicht hinter Wickeln und Auflagen in der Pflege stehen kann und selbst gar keine praktische Erfahrung damit hat, sollte dieses Thema auch nicht unterrichten.

Wickel und Auflagen unter der Lupe – erproben, erforschen, vertiefen

Wickel und Auflagen haben im deutschsprachigen Raum eine lange, volksheilkundliche Tradition. Auch aus Polen, Rußland, Rumänien usw. wird von vergleichbaren Anwendungen berichtet. Das heißt einerseits, daß man mit diesen Methoden über viele Generationen Erfahrungen in der Anwendung am Menschen sammeln konnte. Andererseits sind die Erfahrungen mit unseren heutigen modernen medizinischen Errungenschaften noch sehr jung. Diese modernen schulmedizinischen Methoden stellen sich mit einem beeindruckenden Maß an wissenschaftlicher Forschung dar, mit dem die tradierten Methoden nur schwer mithalten können.

In der Pflege waren Wickel und Auflagen noch bis in die 70er Jahre grundsätzlicher Bestandteil pflegerischen Wissens und Könnens. Dann verschwanden sie im Zuge einer Orientierung an den modernen technischen und pharmakologischen Entwicklungen der Medizin ziemlich abrupt und fast komplett aus dem Repertoire der Pflege. Einziges Überbleibsel waren erstaunlicherweise die sehr zeitintensiven und zunehmend falsch angewendeten Wadenwickel. Nur in der anthroposophisch orientierten Medizin und Pflege blieben Wickel und Auflagen Bestandteil einer ganzheitlich orientierten Behandlung und Pflege. Es wurden hier weitere, z. T. neue Erfahrungen gesammelt. In den 80er Jahren bahnte sich aufgrund der Erfahrungen mit den Schattenseiten der modernen Medizin (Nebenwirkungen von Medikamenten und Apparatemedizin) und parallel zu gesamtgesellschaftlichen Trends auch in der Pflege ein Aufbruch an. Und plötzlich waren die Wickel wieder da – jetzt allerdings mit dem Zusatz „alternativ" versehen. Inzwischen hatte sich innerhalb der Pflege eine Entwicklung hin zu mehr Professionalität angebahnt. Erste Erfahrungen im Umgang mit Pflegeforschung bewirkten, daß sich Kolleginnen auch mit dem Thema Wickel und Auflagen kritisch reflektierend und prüfend auseinanderzusetzen begannen. In den 90er Jahren entstanden nach und nach, meist als Abschlußarbeiten für diverse Pflege-Fachweiterbildungslehrgänge, einige interessante Arbeiten z. B. über die praktische Umsetzung einzelner Methoden und deren Auswirkung auf die Patientinnen. Diese Arbeiten wurden oft mit großem Engagement erstellt, was dann nicht nur für die Autorinnen der betreffenden Arbeiten ein Gewinn war, sondern auch für die Stationen, auf denen die Methoden zum Zweck der Überprüfung systematisch eingeführt wurden. Auch die Patientinnen, die einwilligten, die entsprechende Methode an sich prüfen zu lassen, waren überwiegend angetan, ja auch erstaunt darüber, „daß sowas in einem Krankenhaus angewendet wird".

Einige dieser Facharbeiten sind für Kolleginnen, die Quarkanwendungen, Ölkompressen, Kohl- oder Senfkompressen bei sich einführen wollen, als Dokument gemachter Beobachtungen und Erfahrungen in einer konkreten Pflegesituation durchaus hilfreich. Verallgemeinerbar sind die so vorliegenden Ergebnisse jedoch nicht. Hierzu wäre das gekonnte methodische Vorgehen der Pflegeforschung notwendig. Wichtig ist, daß das Wissen und die praktische Anwendung von Wickeln und Auflagen in der Pflege von Pflegekräften selbst kritisch beleuchtet, erprobt und überprüft wird. Themen gäbe es mehr als genug – z. B. in bezug auf Aus- und Nebenwirkungen einzelner Anwendungen in möglichst vielerlei Fachbereichen, dies vergleichend mit entsprechenden gebräuchlichen anderen Methoden oder in Bezug zu einer genaueren Überprüfung des tatsächlichen Aufwands (zeitlich, finanziell) in Relation zum therapeutischen Ergebnis.

Je nachdem, welcher zeitliche Rahmen zur Verfügung steht, welche Unterstützung von Kolleginnen, Pflegedienst- und Krankenhausleitung zu erwarten ist – auch ob sich finanzielle Fördermöglichkeiten erschließen lassen – sollte man sich wahlweise für eine Facharbeit oder für eine Forschungsstudie entscheiden.

Wer eine *Facharbeit* über Wickel und Auflagen verfassen möchte, sollte mindestens einen Kurs oder ein Seminar zum Thema besucht haben (einige Anschriften dazu S. 92). Eigene Erfahrungen – sowohl im Erleben von Wickeln und Auflagen an sich selbst als auch mit der praktischen Anwendung an anderen – sind unabdingbar. Die Gegebenheiten am Arbeitsplatz, wo die Methode erprobt werden soll, und die eigenen Möglichkeiten und die Bereitschaft, Zeit und Arbeit in das Vorhaben zu investieren, sollten zuvor realistisch eingeschätzt werden. Einen Leitfaden zur Gestaltung von schriftlichen Arbeiten gibt es im allgemeinen bei der betreffenden Weiterbildungseinrichtung. Für Facharbeiten speziell zum Thema Wickel und Auflagen wurden in Deutschland und in der Schweiz entsprechende Leitfäden konzipiert (Anschrift im Anhang).

Wer tiefer einsteigen möchte und sich an eine *Pflegeforschungsstudie* zum Thema Wickel und Auflagen wagt, sollte neben oben genannten Voraussetzungen vorab eine spezielle Fortbildung oder Schulung zum Thema Pflegeforschung besuchen. Diese werden von verschiedenen Bildungseinrichtungen in der Pflege angeboten. Entsprechende Literatur (s. Literaturliste) ist zu studieren, um Pflegeforschung verstehen, sich gezielt Hilfen holen und Ressourcen nutzen zu können. In Deutschland gibt es inzwischen verschiedene pflegewissenschaftliche Institute, die hier Starthilfe geben können und Stiftungsfonds, bei denen finanzielle Unterstützung beantragt werden kann (s. hierzu einige Anschriften S. 93 f.).

Aber auch alle, die derzeit keine Möglichkeit haben, das Thema über eine Facharbeit oder eine Forschungsstudie intensiver zu erkunden, sollten die Möglichkeiten zu Fortbildungen und Aufbauseminaren zum Thema Wickel und Auflagen nutzen (s. Adressen im Anhang), um damit auf dem aktuellen Erfahrungsstand zu bleiben und um vom Austausch mit anderen Praktikerinnen neue Impulse zu schöpfen. Nur so können Wickel und Auflagen mehr und mehr die Akzeptanz als professionelle, anerkannte Pflegemethode erhalten, die ihnen zusteht.

Rechtliche Aspekte, Verordnungs- und Abrechnungsmodalitäten

Dürfen Pflegekräfte Wickel und Auflagen selbständig und eigenverantwortlich anwenden, oder bedarf es hier nicht grundsätzlich einer ärztlichen Anordnung? Viele Kolleginnen sind sich über die rechtlichen Hintergründe nicht sicher. Grundsätzlich muß man unterscheiden, ob Wickel im Rahmen der Krankenhauspflege, der ambulanten Pflege oder der stationären Altenpflege durchgeführt werden.

Krankenhaus:

Sozialversicherungsrechtlich gesehen sind Heil- und Hilfsberufe im Krankenhaus innerhalb eines ärztlichen Therapieplans aufgrund der ärztlichen Diagnose tätig; die Gesamtverantwortung für die Behandlung liegt daher bei den Ärztinnen! Diese klassische Abgrenzung zwischen Ärztin und Pflege ist aber im Lauf der Jahre durchlässiger geworden. Gerade im Bereich der *Grundpflege* (inklusive Prophylaxen) hat die Pflege zunehmend eigene berufliche Fachkompetenz entwickelt. Es werden Pflegediagnosen gestellt, Pflegemaßnahmen zielgerichtet geplant, durchgeführt, dokumentiert und evaluiert. Zwar sollten die notwendigen Maßnahmen grundsätzlich in den Rahmen des ärztlichen Therapieplans passen und mit der zuständigen Ärztin abgestimmt sein, doch eine ausdrückliche Verordnung ist nicht erforderlich und wäre auch nicht angemessen.

In der *Behandlungspflege* werden ärztlich delegierte Maßnahmen durchgeführt. Hierzu ist eine ärztliche Verordnung grundsätzlich notwendig.

Wo müssen nun Wickel und Auflagen zugeordnet werden – der Grund- oder der Behandlungspflege?

Abb. 8.**1**

In die gängige Unterteilung von Grund- und Behandlungspflege lassen sich Wickel nicht so einfach einordnen. Sie werden sowohl im Rahmen der Grundpflege angewendet, z. B. zur Obstipationsprophylaxe, zur Schmerzreduzierung, als Hilfe für eine effektivere Mobilisierung, zur Atemunterstützung usw., aber auch als wirksame Behandlung, z. B. bei Thrombophlebitis, Verstauchung, Hämatom, Nebenhöhlenentzündung und vielem mehr. Tatsache ist, daß eine Pflegefachkraft, die das Hintergrundwissen und die notwendigen Fertigkeiten im Umgang mit Wickeln und Auflagen erlernt hat, auf diesem Gebiet kompetenter ist als die meisten Ärztinnen, die solche Methoden bisher nicht in der Ausbildung erlernen. Weil aber im Rahmen einer Krankenhausbehandlung immer die Gesamtverantwortung beim ärztlichen Dienst liegt, bedarf es einer Abstimmung mit der Ärztin, d. h., diese muß grundsätzlich hinter den Wickelanwendungen stehen. In der Absprache mit der Ärztin läßt sich klären, ob irgendwelche Diagnosen, Befunde, bestimmte Medikationen oder spezielle Therapien möglicherweise einen Wickel kontraindiziert erscheinen lassen. Die Erfahrung zeigt, daß Ärztinnen häufig der Anwendung von Wickeln und Auflagen zustimmen – wenn auch manchmal milde lächelnd –, es aber eher selten vorkommt, daß sie solche Methoden untersagten.

! Dokumentieren Sie grundsätzlich, ob bzw. daß eine Anwendung von Wickeln und Auflagen mit der Ärztin abgestimmt ist und wie die Anwendungen verlaufen bzw. wie die Patientinnen darauf reagieren. Machen Sie nie eine Anwendung gegen den Willen einer Ärztin oder einfach heimlich, auch nicht, wenn Patientinnen Sie dazu überreden wollen.

Ambulante Pflege und Pflegeheim:

Etwas anders sieht die Problematik in der ambulanten Pflege und im Pflegeheim aus. Seit Einführung der Pflegeversicherung gibt es hier einen arztfreien Bereich. Bei einem *Pflegeversicherungsfall* ist die Ärztin nicht mehr an der Leistungserbringung beteiligt (höchstens indirekt noch als Gutachterin des Medizinischen Dienstes). Das Pflegefachpersonal stellt die Pflegediagnose und führt die entsprechende Pflege durch. Erst im Behandlungsfall wird die Ärztin wieder hinzugezogen. Hier obliegen der Pflege in Bereichen wie der Prophylaxe, der Schmerzbeseitigung usw. eigenverantwortlich angesetzte und ausgeführte Maßnahmen, die gerade darauf abzielen, den Behandlungsfall zu vermeiden. In diesem Bereich können Wickel und Auflagen sehr wohl eingesetzt werden – z. B. feucht-heiße Bauchkompressen als Maßnahmen zur Obstipationsprophylaxe, Brustauflagen als atemunterstützende, pneumonieprophylaktische Maßnahmen, schmerzdämpfende und bewegungserleichternde Wärmeanwendungen an Gelenken zur Kontrakturenprophylaxe und zur Förderung der Mobilisierung, Quarkauflagen bei vorhandenen Krampfadern zur Thromboseprophylaxe.

Wichtig ist jedoch, daß die Pflegefachkraft überhaupt abwägen kann, ob der geplante Wickel bzw. die geplante Auflage in dem betreffenden Fall gegenüber einer sonst üblichen Methode mindestens genauso vertretbar ist. Die Pflegefachkraft muß also das entsprechende Wissen und die entsprechende Erfahrung bezüglich der Anwendung von Wickeln und Auflagen besitzen, um die Maßnahme begründen und auch während des Anwendungszyklus die Reaktion darauf richtig einschätzen zu können. Sie muß rechtzeitig mögliche Folgen absehen, Grenzen erkennen und entsprechend reagieren können: d. h., eine eventuell notwendige ärztliche Konsultation darf nicht verschleppt werden. Ein weiterer Aspekt ist, daß die Pflegefachkraft vor Beginn der Maßnahme die Person über die vorgesehene Anwendung umfassend informieren muß und deren ausdrückliche Zustimmung erhält. Verantwortlich für die ausgeführten Wickel und Auflagen ist immer die Pflege*fach*kraft; Hilfskräfte dürfen nur unter ihrer Anleitung und ihrer Kontrolle Wickel anlegen. Allerdings kann die Pflegefachkraft nur für die Folgen zur Verantwortung gezogen werden, die sie z. B. durch mangelhafte Anleitung (beispielsweise im Umgang mit intensiv heißen Anwendungen oder hautreizenden Substanzen) oder unterlassene Kontrolle mit verursacht hat. Sie muß zuvor einschätzen, ob die betreffende Hilfsperson in der Lage ist, den Wickel oder die Auflage zuverlässig durchzuführen. Wenn sie eine Hilfskraft oder auch pflegende Angehörige umfassend angeleitet und sich von der korrekten Handhabung der Anwendung vergewissert hat (dies muß aus der Pflegedokumentation ersichtlich sein), kann sie für trotzdem vorgekommene fahrlässige Fehler bei der Durchführung nicht verantwortlich gemacht werden. Die Pflegefachkraft hat also eine Anleitungsverantwortung, die Durchführung jedoch liegt in der Verantwortung der betreffenden Hilfskraft oder der pflegenden Angehörigen.

Wenn bei einer Patientin eine *behandlungsbedürftige* Situation vorliegt – wenn es sich also nicht mehr um prophylaktische Maßnahmen handelt, sondern z. B. eine Thrombophlebitis eine gezielte (ärztliche) Behandlung erforderlich macht, muß beispielsweise für die entzündungshemmenden Quarkkompressen eine ärztliche Anordnung bzw. Zustimmung dokumentiert sein. Für die korrekte Durchführung trägt die Pflegefachkraft die Durchführungsverantwortung.

Zur Frage der Leistungsabrechnung:

Die Tatsache, daß das Sozialversicherungsrecht regelt, was Pflegefachkräfte dürfen und was nicht, hat gleichzeitig Konsequenzen für die Finanzierung. Dies ist vor allem da von Bedeutung, wo erbrachte (grund)pflegerische Leistungen auch als solche abgerechnet werden, nämlich in der häuslichen Pflege und z. T. auch in der stationären Altenpflege. Für Patientinnen in der ambulanten Pflege, die über eine gesetzliche Krankenversicherung versichert sind, können Wickel und Auflagen als Behandlungspflege von der Ärztin angeordnet werden (z. B. Behandlung einer Thrombophlebitis mit Quarkauflagen anstelle Antithrombosesalbe oder eine verkrampfungslösende Auflage anstelle oder zur Reduzierung von Schmerzmitteln).

Für den Fall der Behandlungspflege gibt es allerdings in der Praxis einige Hürden zu überwinden. Zuallererst muß die behandelnde Ärztin bereit sein, die Wickelanwendung zu verordnen. Diese Verordnung muß klar und schlüssig ausgestellt sein, d. h., die genannte Diagnose bzw. Indikation muß den Erklärungshintergrund bieten, warum dieser Wickel oder diese Auflage notwendig ist. Hier passiert es leicht, daß der Anordnungsvordruck im hektischen Arbeitsalltag der Arztpraxis etwas zu oberflächlich ausgefüllt wird. Praktische Erfahrungen zeigen jedoch auch, daß manche Sachbearbeiterinnen der Krankenkassen die Erstattung trotz ärztlicher Verordnung ablehnen. Nun kommt es im nächsten Schritt darauf an, daß sowohl die behandelnde Hausärztin als auch die zuständige Pflegefachkraft den Fall in einer individuellen Absprache mit der Krankenkasse klären. Wenn ein Pflegeteam sich auf Wickel und Auflagen in seinem Leistungsangebot spezialisiert hat, ist es empfehlenswert, sich vorab und fallunabhängig mit den zuständigen Sachbearbeiterinnen der Krankenkassen zusammenzusetzen und Grundsätzliches zu klären. Dies verlangt natürlich, daß Hausärztin und Pflegefachkraft sich mit Wickeln und Auflagen auskennen und für deren Sinn, ja auch für deren Wirtschaftlichkeit gut argumentieren können.

In der ambulanten Pflege dürfen bei Selbstzahlerinnen von der Pflegefachkraft auch dann eigenverantwortlich (d. h. ohne ärztliche Verordnung) Wickel und Auflagen angewendet werden, wenn es um eine behandlungspflegerische Situation geht und so lange dabei kein ärztliches Eingreifen erforderlich wird. Natürlich ist auch hier Voraussetzung, daß die Patientinnen zuvor ausführlich informiert wurden und ihre Einwilligung gegeben haben.

Etwas einfacher ist es, wenn Wickel und Auflagen im Rahmen der Pflegeversicherung, also der Grundpflege, zur Anwendung kommen. Hier kann die Pflegefachkraft – unter Beachtung der beruflichen Sorgfaltspflicht – in der Wahl ihrer Methoden durchaus Wickel anstelle anderer Maßnahmen anwenden und innerhalb der gewährten Module abrechnen (z. B. eine Ölkompresse oder einen Senfbrustwickel als Pneumonieprophylaxe oder eine feucht-heiße Bauchkompresse zur Obstipationsprophylaxe).

Im Pflegeheim sind die Abrechnungsmöglichkeiten derzeit ohne konkreten Leistungsbezug, d. h. Behandlungspflegeleistungen sind nicht, wie z. B. in der ambulanten Pflege, mit der Krankenkasse abrechenbar. Alle Maßnahmen werden im Rahmen des Pflegesatzes, je nach Stufe der Pflegebedürftigkeit, mit der Pflegeversicherung und dem Eigenbetrag der zu Pflegenden abgerechnet.

Literatur

- Böhme, Hans:
  „Alternative Methoden: Was dürfen ambulante Pflegekräfte?". Heilberufe ambulant 12/97
- Böhme, Hans:
  „Alternative Pflege – was ist erlaubt?" Heilberufe 48/1996
- Böhme, Hans:
  „Die Regeln der Heilkunst – Rechtliche Aspekte einer Therapie jenseits der Wissenschaft". Veröffentlichung in Planung durch Hess. Ministerium f. Umwelt, Energie, Jugend, Familie u. Gesundheit, Wiesbaden.
- Franz, Kurt:
  „Naturheilmittel und Recht". C. Heymanns Köln 1992
- Isensee, Josef:
  „Kassenarztmonopol und nichtärztliche Leistungserbringer". C. Heymanns Köln 1995

Nützliche Adressen:

Bezugstips und -anschriften für (Natur-) Textilien und spezielle Wickelzutaten:

- Im stationären Bereich: In der Wäscheabteilung oder der Nähstube nachfragen: Manchmal finden sich sogar noch jahrzehntealte komplette Wickeltücher-Sätze. Evtl. alte Bettwäsche oder Lappen aus der Wäscherei holen.

- Im örtlichen Betten- bzw. Textilfachgeschäft nachfragen: z. B. günstige Mantel- oder Kostümstoffe als Meterware für Wollaußentücher.

- Bezugsquellen für Naturtextilien im Alternativen Branchenverzeichnis nachschlagen.

- 100% reine Merino-Schafschurwolle als Meterware erhältlich (ebenso Nesselstoff, Webpelz und Moltonflanell) bei:
  Fa. Rolf & Ursula Aßmus
  Fortsstr. 35
  74379 Ingersheim
  Tel.: (0 71 42) 69 04 oder Fax: (0 71 42) 5 26 44.

- Preisgünstige, gestrickte Tücher aus reiner, naturbelassener Schafschurwolle bei:
  Dorfgemeinschaft Brettachhöhe
  Wollwerkstatt
  74582 Gerabronn
  Tel.: (0 79 52) 62 30 oder Fax: (0 79 52) 50 90.

- Komplette Wickelsets für Erwachsene und für Kinder, Kräuterkissen, Kühlbeutel, Rohwolle usw.:
  Heidi Schneider
  Hofstettenstraße 29
  CH 8212 Neuhausen am Rheinfall.
  Tel.: Schweiz (0 52) 6 72 81 33 (Bestell-Liste anfordern).
  Bärbl Buchmayr
  Gordian-Guckh-Str. 1
  83410 Laufen
  Tel./Fax (0 86 82) 80 94 74.

- Fertige Schulter-Dreieckstücher und Woll-Außentücher 40×150 cm (100% reine Merino-Schafschurwolle), auf Wunsch auch umhäkelt, sowie Halswickel-Sets für Erwachsene und für Kinder sowie Wickelposter für den Unterricht erhältlich bei:
  Annegret Sonn
  Beerenhalde 2
  72820 Sonnenbühl.
  Tel.: (0 71 28) 34 84 oder Fax: (0 71 28) 31 04.

- Rohwolle: Bei einer örtlichen Schäferei nachfragen oder im Wolle-Fachgeschäft (Rohwolle zum Spinnen) oder in Läden mit gutem Spielzeug (Waldorfpädagogik): „Spiel- und Bastelwolle“.

- Viele örtliche Kneippvereine vertreiben Kneipp-Wickeltuch-Sets. Hier kann man nach der Anschrift des nächstliegenden Kneippvereins fragen:

Kneipp-Bund e. V.
Adolf-Scholz-Allee 6–8
86825 Bad Wörishofen
Tel.: (0 82 47) 3 00 20.

- Baby-/Windel-Sicherheitsnadeln (evtl. zum Befestigen eines Außentuchs) in allen großen Baby-Ausstattungsgeschäften und Drogeriemärkten.

- Fertige Bienenwachskompressen mit und ohne Seide-Rohwolle-Auflage erhältlich bei:
  Birgitta Herold-Stickel
  Amselweg 20
  85764 Oberschleißheim
  Tel.: (0 89) 31 57 39 57 oder Fax: (0 89) 31 57 39 58.

- Bienenwärmeauflagen (als Meterware, 43 cm breit):
  Dirk-Hinrich Otto
  Schmachtenbergstr. 174
  45219 Essen
  Tel./Fax: (0 20 54) 8 25 57

- Heilkräuter, Bienenwachs, schwarzes Senfmehl: aus der örtlichen Apotheke.

- 100% reine, natürliche ätherische Ölessenzen, pflanzliche Öle, Zitronen, Meerrettich, Kartoffeln aus kontrolliert biologischem Anbau: z. B. im Naturkosthandel oder vom Bioland oder Demeter Hof.

Veranstalter von Fortbildungen zum Thema Wickel und Auflagen:

Landesverbände des Deutschen Berufsverbands für Pflegeberufe:

Landesverband Baden-Württemberg
Eduard-Steinle-Str. 9
70619 Stuttgart
Tel.: (07 11) 47 50 61 oder Fax: (07 11) 4 78 02 39

Landesverband Bayern
Romanstr. 67
80639 München
Tel.: (0 89) 17 70 88 oder Fax: (0 89) 1 78 56 47

Landesverband Hessen, Rheinl.-Pfalz, Saarland, Thüringen
Postf. 90 02 24
60442 Frankfurt
Tel.: (0 69) 70 76 03 70 oder Fax: (0 69) 82 36 19 47

Caritasverband der Erzdiözese Köln
Abtl. Krankenhilfe/Pflegeberufe
Postf. 29 02 61
50524 Köln
Tel.: (02 21) 2 01 03 33 oder Fax: (02 21) 2 01 03 93

Caritasverband Würzburg
Ref. Fortbildung
Franziskanergasse 3
97070 Würzburg
Tel.: (09 31) 38 66 64 oder Fax: (09 31) 38 66 51

Caritasverband Eichstätt
Residenzplatz 14
85072 Eichstätt
Tel.: (0 84 21) 5 09 26 oder Fax: (0 84 21) 5 09 09

Diakonisches Werk Pfalz
Referat Pflege
Karmeliterstr. 20
67346 Speyer
Tel.: (0 62 32) 66 42 58 oder Fax: (0 62 32) 66 41 30

Maya Thüler
Am Schmitteplatz 10
CH 3076 Worb
Tel. und Fax: 00 41 31–8 39 54 80

Fortbildungsinstitut für Pflegeberufe
Johannes-Kepler-Str. 19
75378 Bad Liebenzell
Tel. und Fax: (0 70 52) 25 87

Evang. Fortbildungstätte Dornstadt
Bodenschwinghweg 30
89160 Dornstadt
Tel.: (0 73 48) 9 87 40

Kath. Berufsverband für Pflegeberufe
Landesverband Bayern
Ostengasse 27
93047 Regensburg
Tel.: (09 41) 56 96 34 oder Fax: (09 41) 56 96 37

Facharbeiten zum Thema Wickel u. Auflagen

Gegen Einsendung von 2,20 DM in Briefmarken kann eine Liste von Facharbeiten sowie ein Leitfaden zum Verfassen einer Facharbeit über ein Thema zu Wickel und Auflagen angefordert werden bei:

Annegret Sonn
Beerenhalde 2
72820 Sonnenbühl

Nützliche Adressen bezüglich Pflegeforschung:

Pflegeforschungsinstitute

Institut für Pflegewissenschaften
Universität Bielefeld
Postfach 10 01 31
33501 Bielefeld
Tel.: (05 21) 1 06 38 96

Institut für Pflegewissenschaften
Universität Witten/Herdecke
Stockumer Str. 12
58453 Witten
Tel.: (0 23 02) 66 93 58

Pflegewissenschaftliches Institut am Klinikum Nürnberg
Heimerichstr. 58
90419 Nürnberg
Tel.: (09 11) 3 98 24 14 oder Fax: (09 11) 3 98 28 49

Agnes Karll Institut für Pflegeforschung
Hauptstr. 392
65760 Eschborn
Tel.: (0 61 73) 60 44 50 oder Fax: (0 61 73) 60 45 99

Forschungsförderer

„Arbeit und Technik“
Projektträgerschaft des Bundesministeriums f. Forschung u. Technologie
Südstr. 125
53175 Bonn
Tel.: (02 28) 38 21

Stiftungsfonds Agnes Karll für Pflegeforschung und Pflegeentwicklung e. V.
c/o Kreiner
Geschwister-Scholl-Str. 26
44135 Dortmund
Tel.: (0 23 02) 66 93 56

Deutscher Verein zur Förderung von Pflegewissenschaften u. -forschung e. V.
(DV Pflegewissenschaft)
Bürgerstr. 47
47057 Duisburg
Tel.: (02 03) 35 67 93

Bundesministerium für Arbeit und Sozialordnung
Rochusstr. 1
53123 Bonn
Tel.: (02 28) 52 70

Bundesministerium für Gesundheit
Am Probsthof 78 a
53121 Bonn
Tel.: (02 28) 94 10

Robert Bosch Stiftung
Postfach 10 06 28
70005 Stuttgart
Tel.: (07 11) 46 08 40

Bundesministerium für Frauen, Jugend, Familie und Senioren
Godesberger Allee 140
53175 Bonn
Tel.: (02 28) 30 60

außerdem anfragen bei:
Veronika Carstens Stiftung und Selbsthilfe-Verbänden, wie z. B.: ILCO, AMSEL, Mucoviszidose-Kranke, Deutsche Krebshilfe usw.

Leitfaden, worauf man beim Wickel-Erleben achten kann:

- Wie wird der Wickel angelegt:
  - zu flink oder zu langsam – wurde auf mein Empfinden, meine Rückmeldung Rücksicht genommen?
  - Sind die Schichten angenehm angeschmiegt, zu beengend, oder gibt es irgendwo eine lose Stelle?
- Lagerung und Zudecken:
  - Liege ich bequem? Oder fehlt mir noch irgendwo ein Kissen oder sonst etwas?
  - Reicht mir meine Zudecke? Bin ich gerade so eingekuschelt, wie ich es mag oder beengt es mich eher?
- Wärmeintensität des Wickels:
  - Wie heiß wird er vertragen?
  - Mußte die Anwendung nochmals entfernt werden, weil es doch zu heiß war?
  - Sind bestimmte Auflagestellen/Hautzonen besonders empfindlich?
- Wärmeverteilung:
  - Wo spüre ich die Wärme?
  - Eher punktuell oder gleichmäßig verteilt?
  - Strahlt die Wärme aus? Wenn ja, wohin?
  - Bringt es mich zum Schwitzen?
- Allgemeines Körpergefühl während der Anwendung:
  - Fühle ich mich wohlig? Entspannt? Oder eher unruhig? Gestaut? Verspannt?
- Stimmung:
  - Wohlig? Gut aufgehoben? Oder eher irritiert, gereizt? Gelangweilt?
  - Kommen irgendwelche Erinnerungen oder Bilder? Angenehme oder unangenehme?
- Dauer:
  - Wie lange hält die Wärme an?
  - Wo kühlt es zuerst ab?
  - Wurde die Anwendung rechtzeitig entfernt?
- Umgebung:
  - Fühlte ich mich ungestört? Was hat mich gestört? (Lärm, Licht, usw.)
- Nachruhen:
  - Wie hat es sich nach Entfernen des Wickels/der Auflage angefühlt?
  - Fühlte ich die Wirkung erneut? Verstärkt? Schwächer? Für wie lange anhaltend?

Arnika *(Arnica montana)*

Arnika ist eine altbekannte Heilpflanze mit großem Wirkungsspektrum. Sie hat goldgelbe Blüten mit einem Blütenkelch voll kurzer und zottig behaarter Röhrenblüten. Die um den Blütenkelch angelegten goldgelben Strahlenblüten haben typischerweise an der Spitze 3 Zähnchen. Arnika hat einen bis zu 50 cm langen Stengel mit 1–2 Blattpaaren und eine grundständige Blattrosette. Hierzulande kommt die Pflanze nur noch selten vor und steht unter Naturschutz. Für Heilzwecke werden vorwiegend die Röhrenblüten, z. T. auch die Wurzeln verwendet. Die Inhaltsstoffe der Arnika sind Flavonoide, ätherische Öle, glykosidische Bitterstoffe (Arnicin), Gerbstoff usw. Arnika zählt zu den Korbblütlern und kann daher bekanntermaßen zu allergischen Reaktionen (z. B. einer lokalen Hautrötung) führen. Arnika ist in der Homöopathie ein wichtiges Mittel bei Verletzungen, Traumen, Schock, Muskel- und Gelenksschmerzen (Zerschlagenheitsgefühl), aber auch für Blutgefäße und Herz. Als Wickelzusatz wird es bei Anfällen von Angina pectoris verwendet und um nach Traumen Schwellungen und Hämatome einzudämmen (aber nicht auf offenen Wunden).

Beinwell *(Symphytum officinale)*

Der Beinwell gehört mit seinen borstigen, rauhhaarigen Blättern und Stengeln zu den Borretschgewächsen. Er wird bis zu 1,50 m hoch und trägt glöckchenartige, nach und nach erblühende Blütchen, die eine beliebte Bienenweide sind. Beinwell hat eine große Wurzel mit vielen in sich verwachsenen Ausläufern und einer schwarzen Außenschicht. Die Wurzel enthält reichlich Schleim, Gerbstoffe, Kieselsäure und insbesondere den wundheilenden Wirkstoff Allantoin. Beinwell vermag das Gewebe zu regenerieren (z. B. bei Knochenbrüchen, wo er die Kallusbildung fördert), läßt Blutergüsse rasch abblassen (besonders da, wo Knochen direkt unter der Haut liegen) und reinigt alte, schlecht heilende Wunden und Geschwüre (insbesondere durch das granulationsfördernde Allantoin). Wegen seines Gehalts an Pyrrolizidin-Alkaloiden, die in Tierversuchen bei innerlicher Verabreichung eine mutagene und kanzerogene Wirkung gezeigt haben, wird empfohlen, auch bei äußerlicher Anwendung vorsichtshalber Fertigpräparate (deren Pyrrolizidin-Gehalt kontrolliert wird) wie Symphytum-Tinktur oder Kytta-Plasma-Umschlagspaste aus der Apotheke zu besorgen und die Anwendungsdauer auf 4 Wochen zu beschränken. Es muß allerdings darauf hingewiesen werden, daß über eine mutagene oder kanzerogene Wirkung beim Menschen selbst bei innerlicher Anwendung bisher noch keine Daten vorliegen.

Bienenwachs *(Cera flava)*

Bienenwachs ist ein Naturprodukt und besteht aus einer Verbindung von Fettsäureestern mit höheren Alkoholen. Meist enthält es noch geringe Mengen von Säuren, Kohlenwasserstoffe, Sterin und andere Bestandteile. Produziert wird es von den Bienen in der Lebensphase, in der sie als Baubienen arbeiten (ca. 11.–18. Lebenstag). Dann sondern sie das Wachs über ihre Wachsdrüsen am Hinterleib ab und bauen es in die Waben ein. Der Imker schmilzt das Wachs aus den Waben aus, reinigt und filtriert es. Für Bienenwachskompressen wird das fest gewordene Bienenwachs eingeschmolzen; Stoffstücke entsprechender Größe werden mehrmals in dieses Wachsbad getaucht und so beschichtet. Die Stofflage im Innern der Bienenwachskompresse bewirkt, daß die Auflage bei Gebrauch eine gewisse Stabilität behält und nicht so leicht brüchig wird. Bereits bei 40 °C wird das Bienenwachs weich und beginnt zu schmelzen, deshalb bleibt es auch bei Körpertemperatur noch biegsam und haftet leicht an der Haut. Bienenwachs oder -waben zum Basteln eignen sich nicht zur Herstellung von Bienenwachskompressen für Behandlungszwecke. Man sollte auf hochwertige, rückstandskontrollierte Qualität achten, am besten aus der Apotheke (nach DAB-Vorschrift).

Bockshornklee *(Trigonella foenum-graecum)*

Bockshornklee ist eine recht unscheinbare Kleeart mit dreizähligen Blättern und blaßgelben Schmetterlingsblütchen in den Blattachseln. Nach der Blüte bilden sich bis zu 12 cm lange Samenhülsen. Die Pflanze stammt ursprünglich aus Südeuropa und war schon in den Kräuterapotheken der Antike wohlbekannt. Bockshornklee enthält Schleim- und Bitterstoffe, Flavonoide und Saponine. Wir kennen den charakteristischen Geruch vor allem aus den Curry-Gewürzmischungen, wo er zusammen mit Curcumawurzel den größten Anteil ausmacht.
Als äußerlich angewendete warme Auflage wirkt er erweichend und wird ähnlich wie Leinsamenkompressen gebraucht.

Brennessel *(Urtica urens)*

Die Brennessel ist an Stengeln und Blättern mit vielen kleinen Haaren besetzt, die – vergrößert betrachtet – aussehen wie Glasampullen mit einem brüchigen Köpfchen an der Spitze. Bei Berührung bricht diese Spitze leicht ab und bohrt sich in die Haut. Dabei wird der Inhalt der „Glasampulle", bestehend u. a. aus Nesselsäure und Histaminen, in die Haut eingeimpft und verursacht so das typische heftige Jucken, Beißen und Brennen. Diese Feuerwirkung wird nun genutzt, um mit Brennessel als Wikelzusatz (in homöopathischer Zubereitung und mit etwas Arnika versetzt – im Handel als Combudoron erhältlich) Verbrühungen und Verbrennungen, aber auch Nesselausschläge oder Insektenstiche wirkungsvoll zu behandeln. Daneben hat die Brennessel, eine der Großen unter den Heilpflanzen, noch eine Vielzahl von nützlichen Eigenschaften für die Ernährung und Gesundheit.

Erzengelwurz *(Angelica archangelica)*

Die Salbe aus der Pfahlwurzel dieser Pflanze (deren Schwester *Angelica silvestris* (Bild) in unseren Wäldern wild vorkommt) wirkt erwärmend, erweichend, antiseptisch, reinigend und stärkend. Sie wird vor allem bei Entzündungen der Nebenhöhlen, der Mandeln und Lymphknoten verwendet. Sie enthält u. a. Bitterstoffe, ätherische Öle, Gerbstoffe, Angelikasäure und gilt auch in der Überlieferung als starke Heilpflanze.

Eukalyptus *(Eucalyptus globulus)*

Die Heimat des Eukalyptusbaums ist Australien, inzwischen auch der Mittelmeerraum. Er ist ein schnell und außerordentlich hoch wachsender Baum (bis zu 70 m). Das ätherische Öl wird aus älteren Blättern und Zweigen per Wasserdampfdestillation gewonnen. Es hat eine stark keimtötende, krampflösende, fiebersenkende, auswurffördernde und harntreibende Wirkung, die man sich z. B. in der Anwendung als Ölkompresse auf die Blase (Harnverhalten, Blaseninfektion), aber auch in bezug auf Atemwegsinfektionen zunutze macht. Es ist ein sehr starkes Öl, das bei zu hoher Dosierung zu Kopfschmerzen, Übelkeit, bis hin zu Haut- und Schleimhautreizungen und Lähmungen führen kann.

Heilerde

Heilerde ist nichts anderes als naturreiner Löß, der sich aus verschiedenen Mineralstoffen (z. B. Kieselsäure, Aluminiumoxyd, Kalziumoxyd, Magnesium usw.) und Spurenelementen (z. B. Fluor, Mangan, Chrom, Kobalt, Zink usw.) zusammensetzt. Heilerde wird unterhalb der oberen Erdschicht aus eiszeitlichen Ablagerungen gewonnen. Dem Löß wird die Feuchtigkeit entzogen, dann sterilisiert und in unterschiedliche Feinheitsgrade zermahlen und gesiebt.
Mit Lehm zu heilen ist ein uraltes Verfahren. Die aus dem feingemahlenen Pulver angerührte Lehmpaste bildet eine enorm große Oberfläche von Mineralpartikeln, die Flüssigkeit aufzusaugen vermag und Giftstoffe bindet. Sie wirkt entzündungshemmend und hat einen ableitenden, kühlenden Effekt.

Heublumen *(Flores graminis)*

Wenn frisch geschnittenes Gras zu welken beginnt, spielt sich während des Trocknens ein Fermentationsprozeß ab. Dabei entsteht aus dem in Gräsern und manchen Wiesenblumen enthaltenen Cumaringlykosid das Cumarin, das den typischen Heuduft ausmacht. Wird das Heu nach dem ersten Trocknen in der Scheune gelagert, fallen Blüten und die unreifen Samen aus. Dies bezeichnet man als Heublumen. Das darin enthaltene Cumarin und die ätherischen Öle wirken kreislauf- und stoffwechselaktivierend sowie hautdurchwärmend und schmerzdämpfend. Man bekommt Heublumen lose in jeder Apotheke oder in einer guten Kräuterhandlung. Man kann sie aber auch direkt beim Bauern besorgen.

Honigklee *(Melilotus officinalis)*

Honigklee wächst hierzulande verbreitet – aber kaum beachtet – auf Brachland, Schuttplätzen und an Straßen- und Wegrändern. Er mag es karg, sonnig und steinig und wird daher auch Steinklee genannt. Das Cumarin, der charakteristische Duftstoff des Honigklees, wird zum größten Teil erst beim Welken und Trocknen frei. Außer Cumarin (bis 0,9%) enthält Honigklee noch Melilotin, Gerbstoffe und flavone Farbstoffe. Die Wirkstoffe des Honigklees erhöhen die Aufnahmefähigkeit und Durchlässigkeit der Venen und Lymphgefäße und verbessern so die Ableitung von Flüssigkeitsansammlungen im Gewebe. Darüber hinaus wirkt Honigklee entzündungshemmend, erweichend, krampflösend und schmerzstillend. Verwendet werden vom Honigklee die oberen Teile der blühenden Stengel.

Ingwer *(Zingiber officinale)*

Ingwer wird in tropischen Ländern angebaut. Es ist eine Pflanze mit einem kräftigen Rhizom, das sich in knollenförmige Abschnitte unterteilt, aus denen die Laubsprossen austreiben, die bis zu einem Meter hoch werden können und an denen bis zu 20 cm lange, schmale, lanzettartige Blätter sitzen. Die hellgelben Blüten mit ihrer purpurroten Lippe sitzen an einem knolligen Blütenstand, bestehend aus verdickten, schuppenartigen grünen Deckblättern. Verwendet wird das Rhizom des Ingwer, das u. a. reichlich ätherisches Öl und Scharfstoffe enthält. Innerlich fördert es die Sekretion von Speichel und Magensaft und wirkt antiemetisch. Bei äußerer Anwendung als Zusatz (Aufguß des pulverisierten Ingwers) zu Wickeln oder Auflagen wird eine Wirkung beobachtet, die in mehreren Phasen abläuft und in einer anhaltenden, wohligen und den ganzen Körper durchströmenden Wärme gipfelt.

Johanniskraut *(Hypericum perforatum)*

Die Blütezeit des Johanniskrauts ist um Sommersonnenwende (21. Juni) bis weit in den August. Der Hauptwirkstoff dieser einheimischen und recht verbreiteten Heilpflanze ist das Hypericin, ein in Öl löslicher, leuchtend roter Farbstoff. Johanniskrautöl ist ein Ölauszug, den man einfach selbst herstellen kann. Man pflückt die frisch aufgeblühten Blütchen und gibt sie in ein helles Schraubglas. Dabei verfärben sich die Finger rötlich braun, was gleichzeitig bestätigt, daß man das Richtige sammelt. Die Blütchen werden dann mit einem guten Olivenöl (extra virgine) übergossen, bis die Blütenmasse gut einen fingerbreit überdeckt ist. Das Glas zuschrauben und am Licht oder an der Sonne 4–5 Wochen stehen lassen, währenddessen ab und zu aufschütteln. Dann abseihen und zum Aufbewahren in eine dunkle Flasche abfüllen.

Johanniskraut und die aus ihm hergestellten Präparate wirken heilsam auf Beschwerden und Erkrankungen, die etwas mit den Nerven zu tun haben: Depressionen, Schlafstörungen (innerlich z. B. als Tee verabreicht); äußerlich werden sie als Einreibungen oder Ölkompressen bei Nervenreizungen oder -verletzungen, aber auch bei Verspannungsschmerzen angewendet.

Kamille (*Matricaria chamomilla*)

Die Kamille ist eine altbekannte Heilpflanze. Verwendet werden die Blütenköpfchen, die den höchsten Gehalt an Wirkstoffen, insbesondere ätherischen Ölen (Chamazulen), enthalten. Chamazulen wirkt leicht desinfizierend, entzündungshemmend, krampflindernd, beruhigend und schmerzlindernd. Kamille ist ein Korbblütler und kann, wie manch andere Pflanzen aus dieser Familie auch, allergische Reaktionen auslösen. Kamille sollte grundsätzlich nur sparsam und befristet angewendet werden, da sie bei Überdosierung und zu lang andauernder Anwendung zu Reizzuständen (Haut-, Schleimhäute) und zu gereizter, „grantiger" Stimmung führen kann.

Kartoffel (*Solanum tuberosum*)

Die Kartoffel enthält neben Solanin und Stärke in kleinen Mengen Zitronen-, Apfel- und Milchsäure sowie oxalsaure Salze. Doch gibt es keinerlei Nachweise, ob diese Stoffe bei Wickeln und Auflagen mit gekochten Kartoffeln über die Haut aufgenommen und wirksam werden können. Vielmehr geht man bisher davon aus, daß Kartoffeln hervorragende Wärmespeicher sind, wobei die von ihnen abgegebene Feuchtigkeit (Dampf) die Wärme gut leitet, mit Hilfe der speicherfähigen Kartoffelmasse jedoch weitaus anhaltender als bei einer nur feucht-heißen Anwendung. In der Praxis werden allerdings Unterschiede zwischen den verschiedenen Kartoffelsorten beobachtet. Mehlige, weichkochende Arten scheinen sich etwas besser zu eignen (sie halten die Wärme besser) als sehr wäßrige Sorten.

Kirsch(Kerne)

Das Holz von Kirschkernen hat besonders gute Wärmehalte-Eigenschaften – es nimmt die Wärme gut auf und gibt sie nur langsam ab. Ein Kirschkernsäckchen schmiegt sich weit besser als eine Wärmeflasche an den Körper an und verbessert so auch die Wärmeleitung. Wer ein Kirschkernsäckchen selbst herstellen will, muß entweder reichlich Kirschen verzehren und sorgfältig jeden Kirschkern aufbewahren oder sucht eine Marmeladenfabrik auf, um sich dort größere Mengen an Kirschkernen zu besorgen. Dann müssen die Kirschkerne jedoch erst sorgfältig vom restlichen Fruchtfleisch gereinigt werden, weil dies sonst beim Erwärmen sehr penetrant riecht. Man kann sie in einen alten Netzvorhang oder eine Windel verknotet in der Waschmaschine waschen, dann zwischen zwei Frottiertüchern trockenreiben und an der Luft oder in der Sonne ausgebreitet noch 1–2 Tage durchtrocknen lassen, bevor man sie so in Stoffsäckchen abfüllt, daß sie sich noch gut am Körper anschmiegen können. Angewärmt werden Kirschkernsäckchen – je nach gewünschter Wärmeintensität – auf dem Heizkörper oder in einem Wärmeofen, wie er z. B. auf Entbindungsstationen zum Anwärmen der Babysachen zur Verfügung steht; zu Hause wird es auf den Kachelofen, den Heizkörper oder auf einen Wasserkessel aufgelegt, der auf einem Kohle- oder Holzofen steht. Man kann das Säckchen auch im Backofen anwärmen, doch scheint dies ein sehr großer Energieaufwand für solch eine „alternative" Methode.

Kohl (*Brassica oleracea*)

Kohl als äußerliche Anwendung zu verwenden klingt – obwohl schon seit der Antike bekannt und bewährt – für viele doch sehr alternativ. In der Auflistung von Inhaltsstoffen des Kohls findet man aber jede Menge Nährstoffe, auch Schwefelanteile, Sulforaphane (krebshemmende Substanzen), Flavonoide (entgiftende Substanzen) und hormonregulierende Indole. Doch lassen diese wegen ihrer innerlichen Wirkung bekannten Stoffe auch darauf schließen, daß sie bei äußerlicher Anwendung ebenso zur Wirkung kommen? Ehrlicherweise muß festgestellt werden, daß hier vor allem die positiven Erfahrungen im Vordergrund stehen, die Pflegende mit Wirsing-Auflagen (vor allem bei Schmerzzuständen unterschiedlicher Ursache) oder mit Weißkohl (eher bei schlecht heilenden und oft weniger schmerzenden Wunden, Entzündungen usw.) gemacht haben. Verwendet werden dabei eher die äußeren und grüneren, aber gesunden Blätter.

Lavendel *(Lavandula officinalis)*

Lavendel ist ursprünglich in den wärmeren Zonen des Mittelmeerraumes beheimatet und kommt dort wild vor. Der Hauptwirkstoff, das ätherische Öl (es besteht wiederum aus ca. 160 Einzelwirkstoffen), wird in der Wärme und Sonnenbestrahlung sommerlicher Tage in den Blütenrispen und Stengeln der Pflanze gebildet. Nur durch Wasserdampfdestillation kann es aus den Pflanzenteilen herausgelöst werden. Um 1 Liter reine Lavendelöl-Essenz zu gewinnen, braucht man (je nach Lavendelsorte) ca. 80–150 kg (ca. 5 m^3) Blüten. Umgerechnet bedeutet dies, daß 1 Tropfen reine Ölessenz etwa 1–2 EL Blüten entspricht. Lavendelöl wirkt antiseptisch, reiz- und krampflösend, sowohl beruhigend als auch anregend (d. h. ausgleichend und harmonisierend), aufbauend und auch erfrischend. Bei zu starker Dosierung oder einer Anwendung über zu lange Zeit kann es zum Umkehreffekt (d. h. die Beschwerden verschlimmern sich), Kopfschmerzen oder Hautreizungen kommen.

Lein *(Linum usitatissimum)*

Der Lein ist eine einjährige Pflanze, die schon seit Jahrtausenden vom Menschen als Nutzpflanze angebaut wird. Der Lein blüht zwischen Juni und August und gedeiht selbst auf kargem Boden. Die ausgereiften Samen werden im September ausgedroschen und nachgetrocknet. In geschroteter Form mit reichlich Flüssigkeit eingenommen oder in Brotteig eingearbeitet, gilt der Leinsamen als verdauungsfördernd. Das bewirkt vor allem seine Eigenschaft, Wasser zu binden und dabei stark zu quellen und reichlich Schleim freizusetzen. Bei der Verwendung zu Kompressen nutzt man seine Fähigkeit, zu einem zähen Brei einzudicken, der dann Wärme zu speichern vermag. Die Wirkung des Schleims (Feuchtigkeit) in Kombination mit dem hohen Ölanteil wirkt sich auf die Haut sehr glättend und weichmachend aus. Aus den Samen gewinnt man im übrigen ein hochwertiges Speiseöl, und in der Industrie stellt man aus dem Leinsamen Firnis und Lacke her. Die Stengel dieser zierlichen Pflanze liefern Fasern, aus denen Flachs für das Handwerk und strapazierfähige Leinenstoffe hergestellt werden.

Meerrettich *(Armoracia rusticana)*

Der Meerettich gehört nicht zu den Pflanzen, die man leicht übersieht. Aus der rübenförmigen langen Wurzel treiben bis zu 60 cm lange, kräftig grüne Blätter hervor. Leicht verdrängt er andere, kleinere Pflanzen aus seinem direkten Umfeld. Verwendet werden sowohl für heilkundliche als auch kulinarische Zwecke die Wurzeln. Diese werden geerntet, wenn sich die Kräfte aus den oberirdischen Teilen der Pflanze in die Wurzeln zurückziehen bzw. noch in denselben konzentriert sind – also im Herbst (ab Oktober) und Frühjahr (bis März). Konzentriert sind in der Meerrettichwurzel ätherische Öle, reichlich Vitamin C, Mineralstoffe und vor allem Allylsenföl, das antibiotisch wirkt und (bei innerlicher Anwendung) insbesondere über die Atem- und die Harnwege ausgeschieden wird und somit ein wirkungsvolles „pflanzliches Antibiotikum" bei Infekten der Atem- und Harnwege darstellt. Äußerlich angewendet wirkt es (sehr ähnlich wie Senfmehl) hautreizend, hyperämisierend und intensiv durchwärmend.

Pfefferminze *(Mentha piperita)*

Die Pfefferminze (auch englische Minze genannt) ist eine von vielen Minze-Arten – eine Kreuzung aus Wasser- und Krauseminze. Sie vermehrt sich über Ausläufer. Das ätherische Öl wird meistens von speziellen Züchtungen gewonnen, die einen besonders hohen Gehalt an ätherischem Öl haben und damit eine gute Ausbeute ergeben (z. B. die japanische Minze). Als Zusatz für kühlende Waschungen oder zu Wadenwickeln verwendet man jedoch besser getrocknete Pfefferminz-Blätter und stellt einen Aufguß daraus her. Die Minze wird auf der Haut als kühlend empfunden. Doch kühlt sie nur subjektiv, indem sie die Kälterezeptoren in der Haut reizt und die Person sich hinterher erfrischt fühlt.

Ringelblume (*Calendula officinalis*)

Die Ringelblume, eine der verbreitetsten Sommerblumen in unseren Gärten, leuchtet mit ihren Blüten von Juni bis weit in den späten Herbst. Es gibt verschiedene Arten – einfache, gefüllte, blaßgelbe bis dunkelorange. Die Hauptwirkstoffe (Flavonoide, Glycoside, ätherisches Öl usw.) sollen vor allem in den eher orangefarbenen Zungenblüten konzentriert sein. Die Ringelblume wirkt reinigend, desinfizierend, wundheilend und granulationsfördernd. Daher wird sie als Wikkelzusatz erfolgreich bei schlecht heilenden, unsauberen Wunden und Geschwüren eingesetzt. Auch bei Ekzemen und Hautallergien leistet sie gute Dienste, ebenso bei juckenden und brennenden Krampfadern. Man benutzt dann entweder einen Blütenaufguß oder den mit Wasser verdünnten alkoholischen Auszug (Arnika-Essenz). Beliebt ist auch die Verwendung von Ringelblumensalbe. Ihren Namen hat die Ringelblume übrigens von der Form ihrer reifen Samen, die aussehen wie kleine Ringlein.

Sanikel (*Sanicula europaea*)

Im lichtdurchfluteten Frühlings-Laubwald fällt sie nur dem Kundigen ins Auge. Sie ist eher unauffällig, jedoch auch mit typischen Merkmalen ausgestattet: den grundständigen, kräftig-grünen und glänzenden Blättern, die sich vom Braun des Waldbodens deutlich abheben und ein bißchen den Hahnenfuß-Blättern ähneln; typisch sind auch die langen, aufrechten Stengel mit linsengroßen, kugeligen, weißen Blütendöldchen. Verwendet wird vor allem das getrocknete blühende Kraut, das Saponine, Gerb- und Bitterstoffe, ätherische Öle, Vitamin C und Allantoin (das wir vom Beinwell kennen) enthält. Als Zusatz bei äußerlichen Anwendungen (Heilerde) lindert es Entzündungen von Haut und Schleimhäuten.

Sauerklee (*Oxalis acetosella*)

Der Sauerklee gehört zum typischen Bild unserer heimischen lichten Buchenwälder im Frühling. Seine lindgrünen, zarten Blättchen und die weißen Blüten bilden an manchen Stellen einen richtigen Teppich auf dem Waldboden. Ähnlich wie Sauerampfer, enthält auch der Sauerklee Oxalsäure, die in großen Mengen – innerlich angewendet – toxisch ist. Sauerklee wird vor allem in der anthroposophisch orientierten Medizin und Pflege zur Anregung der aufbauenden Stoffwechseltätigkeit als Wickelzusatz genutzt. Er soll die Tätigkeit von Magen, Leber und Darm regulieren und krampflösend wirken.

Schachtelhalm (Zinnkaut) (*Equisetum arvense*)

Der Schachtelhalm, den es seit ca. 400 Millionen Jahren auf der Erde gibt, scheint sich in seiner kargen und einfachen Form, ohne Blüten oder Blätter, ganz auf das Wesentliche zu beschränken. Er besteht zu einem sehr hohen Anteil aus Kieselsäure (blutstillend und gewebsfestigend) und hat eine deutliche Beziehung zum Bindegewebe im Körper (Knochen, Knorpel, Nägel, Zähne usw.). Der Bindegewebs-Stoffwechsel wird angeregt, Ausscheidung und Aufbau werden gefördert. Schachtelhalm enthält außerdem Saponine, die entwässernd wirken, und Flavone, die die Blutgefäße festigen.

Schafgarbe *(Achillea millefolium)*

Die Schafgarbe wächst an Rainen, Weg- und Ackerrändern und liebt es sonnig und trocken. Sie enthält ein ätherisches Öl (0,1–0,5%), das dem Chamazulen der Kamille ähnlich ist sowie ein bitteres Glykosid, Gerbstoffe, Säuren, Harze usw. Sie wirkt zirkulationsfördernd, erwärmend und krampflösend, weshalb man sie als Wickelzusatz in bezug auf die Organe im Unterleib und die Lebertätigkeit gerne nutzt. Die Schafgarbe hat außerdem blutstillende, entzündungs- und keimhemmende Eigenschaften und eignet sich deshalb auch als Alternative zu Spülungen und Bädern mit Kamillenblüten.

Senf *(Brassica nigra)*

Für Wickel und Auflagen wird „Schwarzes Senfmehl“, das in der Apotheke als *„Semen sinapis pulv.“* erhältlich ist, verwendet. Dieses wird – von der Apotheke selbst oder vom Großhandel – möglichst frisch aus den dunkelbraunen, fast schwarzen Samen der Senfpflanze *(Brassica nigra)* geschrotet. Senfmehl enthält bis zu 30% fettes Öl. Im intakten Senfkörnchen sind Senföl-Glucoside und das Enzym Myrosinase getrennt voneinander gespeichert. Sobald die Körnchen zermahlen werden und etwas lauwarmes Wasser hinzugefügt wird, werden die Senföl-Glucoside durch das Enzym Myrosinase hydrolytisch gespalten, wobei unter anderem das flüchtige, scharf und stechend riechende Allylsenföl entsteht. Dieses dringt rasch in die Haut ein und verursacht eine starke Hyperämisierung. Wird das Senfmehl mit Wasser angerührt, das wärmer als 50 °C ist, wird das Enzym Myrosinase zerstört, es kann also das Senföl-Glukosid nicht aufspalten, und die erwünschte Hautreizung bleibt aus.

Spitzwegerich *(Plantago lanceolata)*

Seine schmalen, länglichen Blätter gaben dem Spitzwegerich seinen Namen und unterscheiden ihn von seinen beiden Brüdern, dem Breitwegerich und dem Mittleren Wegerich. Er hat kleine, unscheinbare Blütenköpfchen. Spitzwegerich gilt seit Generationen als Wundheilmittel und vor allem als starkes Hustenkraut. Die Kombination seiner Wirkstoffe nützt den Atemwegen auf verschiedene Art: Schleimstoffe schützen die entzündlich wunden Schleimhäute und tragen zur Verflüssigung und Ausscheidung entzündlicher Stoffe bei. Er enthält antibakterielle Wirkstoffe und mit Hilfe von Gerbstoffen und Kieselsäure kann sich die genesende Schleimhaut wieder regenerieren und stabilisieren. Man verwendet frische oder getrocknete Spitzwegerichblätter zu Tee oder Hustensirup, man kann den Frischpreßsaft einnehmen oder ihn in Salbenform einreiben oder als Salbenläppchen auflegen.

Stiefmütterchen *(Viola tricolor)*

Es ist zwar nicht so auffällig wie das großblütige Gartenstiefmütterchen (das eine Züchtung ist und nicht als heilwirksam gilt), hat aber in seiner Dreifarbigkeit (violett, weiß und gelb) und seiner zarten Gestalt seinen ganz eigenen Charme. Es liebt Äcker, Brachland, Weg- und Wiesenränder als Standort. Seine Inhaltsstoffe sind: Saponine, Flavonoide, Gerb- und Bitterstoffe sowie Salicylsäureverbindungen. Es kann innerlich und äußerlich als Aufguß bei juckenden Ekzemen in jedem Lebensalter, bei Akne und Schuppenflechte angewendet werden.

Thymian (*Thymus vulgaris*)

Der echte Thymian stammt ursprünglich aus dem Mittelmeerraum, ist aber inzwischen auch in unseren Gärten heimisch geworden. Er enthält ca. 0,4–1,7% ätherisches Öl, Gerbstoffe, Saponine, Bitterstoffe usw. Besonders die krampflösenden Eigenschaften des ätherischen Öls machen Thymian zu einem wirkungsvollen Mittel bei krampfartigem Husten (er galt von jeher als wirkungsvolles Keuchhustenmittel), spastischer Bronchitis und Asthmaanfällen. Auch bei krampfartigen Beschwerden des Verdauungstrakts ist Thymian hilfreich, regt überdies die Produktion der Verdauungssäfte an (deshalb wird er auch als Gewürz verwendet) und fördert den Appetit. Wenn man nur das ätherische Öl des Thymians verwendet, muß man sehr auf die Dosierung achten, da eine Überdosierung bei empfindlichen Menschen zu Neben- und Umkehrwirkung bis hin zur Krampfneigung führen kann.

Zitrone (*Citrus limon*)

Der sonnenwarme Mittelmeerraum ist die Heimat der Zitronen. Ein Zitronenbaum strahlt Vitalität aus: kräftige, immergrüne Zweige, fast das ganze Jahr leuchtende Blüten und Früchte in allen Reifegraden. Ein süßlicher, aromatischer Duft geht von den Blüten aus. Das eigentliche ätherische Zitronenöl sitzt jedoch vor allem in den Schalen der grünen Zitronen und wird durch Kaltpressung und Zentrifugieren gewonnen. Gerade in der Schale aber sitzen auch die ganzen Rückstände der Insektizide und Pestizide, die im konventionellen Anbau wiederholt eingesetzt werden. Deshalb sollte beim Kauf zumindest auf die Deklarierung „unbehandelt" geachtet werden (was aber nur heißt, daß sie die letzten Wochen vor der Ernte nicht mehr behandelt wurden). Für den Einsatz in der Pflege erkrankter Menschen sollten jedoch Zitronen aus kontrolliert biologischem Anbau bevorzugt werden. Dasselbe gilt für die Verwendung von ätherischen Ölen.
Für Wickel und Auflagen wird beides kombiniert genutzt, sowohl der Zitronensaft als auch das Öl der Zitronenschale. Der stark saure Zitronensaft soll zusammenziehend, ableitend und abschwellend wirken, während das Zitronenöl der Schale diese Wirkung noch durch seine fiebersenkende, keimhemmende und abwehrstärkende Wirkung unterstützt. Außerdem vermittelt der Duft von Zitronen ein Gefühl von Frische und Unbeschwertheit. So wie die Vitalität im Pflanzenbild der Zitrone zum Ausdruck kommt, so scheint sie diese auch im Menschen zu fördern und zu bestärken.

(Zitronen-)Melisse (*Melissa officinalis*)

Die Melisse stammt eigentlich aus dem östlichen Mittelmeerraum und ist als Gewürzpflanze in unseren Gärten heimisch geworden. Sie enthält in ihren Blättern ätherisches Öl, das sich aus verschiedenen Einzelstoffen (Citral, Citronellal, Geraniol usw.) zusammensetzt. Das echte Melissenöl wird in den Blättern (vor der Blüte) gebildet, kommt aber nur sparsam vor: Man braucht zur Gewinnung von 1 Liter echtem Melissenöl 7 Tonnen Blätter! Das macht dieses übrigens sehr süß und fruchtig riechende Öl zu einer Kostbarkeit. Melissenöl ist ausgesprochen virustatisch, entzündungshemmend, entkrampfend, beruhigend und stärkend. Wenn man dennoch zahlreiche sogenannte „Melissenöle" und -produkte preiswert im Handel erhält, so handelt es sich dabei immer um Citronella-Öl oder Mischungen aus anderen ergiebigen und preiswerten Citrusaromen. Citronella (im Handel auch als „Melissae indicum" erhältlich), hat keine ganz so feine und eine insgesamt abgeschwächtere Wirkung. Es wirkt eher reinigend, erfrischend und kann bei Erkältungen und Husten eingesetzt werden.

Zwiebel (*Allium cepa*)

Die Zwiebel treibt uns beim Zerschneiden das Wasser in die Augen. Damit wird eine der Hauptwirkungen dieser Pflanze deutlich: Sie vermag die Flüssigkeitsbildung und -ausscheidung im Körper anzuregen und kann damit auf Krankheitsprozesse klärend und lösend wirken. Sie ist reich an wäßrigem Schleim und Kohlenhydraten sowie Fett und Mineralstoffen. Allicin, ein schwefelähnlicher Stoff, den man beim Aufschneiden deutlich riecht, wirkt antibiotisch. Allylsulfensäure, eine schwefelhaltige Säure, löst Tränen oder auch ein Kribbeln auf Haut und Schleimhäuten aus. Die Zwiebel bringt Entzündungen im ganzen Körper zum Abklingen, insbesondere auch in den Atemwegen, wo sie Nasen- und Rachenschleimhäute abschwellen läßt und Husten löst und lindert. Sie zieht dabei auch allerlei Reiz- und Giftstoffe an und leitet sie ab.

Die im folgenden genannten pflegerischen Interventionsmöglichkeiten durch Wickel und Auflagen sind im Rahmen der gesamten Behandlung zu sehen und mit anderen beteiligten Therapeuten abzustimmen. Eine eventuell notwendige ärztliche Konsultation darf nicht versäumt werden.

Indikation	Maßnahme	Seite
Abszesse/Furunkel (oberflächlich)	Bockshornkleeauflage (warm)	77
	Heilerdeauflage, mit oder ohne Kräuterzusatz	74
	Kohlauflage (eher Wirsing)	75
	Leinsamenkompresse	31
	Quarkauflage (kühl)	67
Akne	Heilerdeauflage, mit oder ohne Kräuterzusatz	74
	Quarkauflage (kühl)	67
Angina – s. Mandelentzündung		
Angina pectoris	Arnikaauflage (warm)	72
	Senfkompresse	49
Arthritis – s. Gelenkentzündung, chronische		
Arthrose	Dampfkompresse mit oder ohne Heublumen	24
	feucht-heißer Gelenkwickel oder -auflage mit oder ohne Heublumen	19
	Kartoffelauflage	26
	Quarkauflagen (körperwarm)	42
Asthma	Senfkompresse	49
Atemunterstützung	Dampfkompresse mit oder ohne Thymian oder Zitrone	24
	feucht-heiße Brustauflage mit oder ohne Thymian oder Zitrone	21
	Kartoffelauflage	26
	Senfkompresse	49
	Ingwerkompresse auf Brust oder Rücken	55
Augen, ermüdete	Leinsamenkompresse	31
Bauchschmerzen	Dampfkompresse mit oder ohne Kamille oder Schafgarbe	24
	feucht-heiße Bauchkompresse mit oder ohne Kamille oder Schafgarbe	19
	kalter Lendenwickel nach Kneipp	59
	Kartoffelauflage	26
	Kirschkernsäckchen (warm)	78
	Oxalisauflage (körperwarm)	73

Indikation	Maßnahme	Seite
Prellung	Alkoholauflage	72
	Arnikaauflage (kühl)	72
	Calendulaauflagen	72
	Eisanwendungen	61
	Essigsaure Tonerdeauflage	72
	Heilerdeauflage	74
	Quarkauflage (kühl)	67
	Salbenkompresse mit Kytta-Plasma	43
	Symphytumauflagen (kühl)	73
	trockene, intensive Kälte (Erbsensäckchen)	62
Quetschung	Arnikaauflage (kühl)	72
	Symphytumauflage (kühl)	73
Reizdarm, nervöser	Dampfkompresse mit oder ohne Kamille oder Schafgarbe	24
	feucht-heiße Bauchkompresse mit oder ohne Kamille oder Schafgarbe	19
Rückenschmerzen – s. Muskelverspannungen		
Schlafstörungen	Dampfkompresse	24
	feucht-heiße Bauchkompresse	19
	kalter Lendenwickel nach Kneipp	59
	Kartoffelauflage	26
	Lavendelöl-Kompresse	35
	Wadenwickel	63
Schmerzen, akute	Eisanwendung (kurzzeitig)	61
Schnupfen	Kamillenblütensäckchen (trocken)	47
	Kamillenkompresse (feucht-warm)	45
	Zwiebel-Fußsohlenauflage	40
Schnupfen, festsitzender	Leinsamenkompresse	31
	Meerrettichauflage	53
Schürfung	Calendulaauflagen	72
Schwellung	Alkoholauflage	72
	Essigsaure Tonerdeauflage	72
	Quarkauflage (kühl)	67
	trockene, intensive Kälte (Erbsensäckchen)	62

Indikation	Maßnahme	Seite
Sehnenscheidenentzündung	Bockshornkleeauflage (kühl)	77
	Dampfkompresse mit oder ohne Heublumen	24
	feucht-heißer Gelenkwickel oder -auflage mit oder ohne Heublumen	18
	Quarkauflage (körperwarm oder kühl)	42, 67
Sonnenbrand	Combudoronauflage	72
	Quarkauflage (kühl)	67
Stirnhöhlenentzündung – s. Nasennebenhöhlenentzündung		
Streßzustände	feucht-heiße Bauchkompresse	19
	Melissenöl-Kompresse	35
Tennisellbogen	Bockshornkleeauflage (kühl)	77
	Dampfkompresse mit oder ohne Heublumen	24
	feucht-heißer Gelenkwickel oder -auflage mit oder ohne Heublumen	18
Thrombophlebitis – s. Venenentzündung		
Trigeminus-Neuralgie	Johannisöl-Kompresse	35
Ulcus cruris – s. Geschwüre		
Unruhe	Dampfkompresse	24
	feucht-heiße Bauchkompresse	19
	Kamillenblütensäckchen (trocken)	47
	Lavendelöl-Kompresse	35
	Wadenwickel	63
Venenentzündung, oberflächliche	Alkoholauflage	72
	Boragoauflage	72
	Essigsaure Tonerdeauflage	72
	Heilerdeauflage mit oder ohne Honigkleezusatz	74
	Kohlauflage (eher Weißkohl)	75
	Quarkauflage (kühl)	67
Verbrennung/Verbrühung	Combudoronauflage	72
	Heilerdeauflage	74
	Quarkauflage (kühl)	67
Vernarbungen, empfindliche	Johannisöl-Kompresse	35
	Kohlauflage (eher Wirsing)	75

Literatur

Anderson, M.: Husten, Schnupfen, Heiserkeit, Dtsch. Krankenpfl.-Z. 4 (1993)

Aßmann, C.: Pflegeleitfaden Alternative und Komplementäre Methoden (Wickel und Auflagen), Urban & Schwarzenberg, München 1996

Augustin, M., V. Schmiedel: Handbuch Naturheilkunde. HAUG, Heidelberg 1997

Bachmann, R. M., G. M. Schleinkofer: Die Kneipp-Wassertherapie. Trias, Stuttgart 1992

Bartholomeyczik, S., E. Müller: Pflegeforschung verstehen. Urban & Schwarzenberg, München 1997

Brunk, U.: Wickel und Auflagen. Heilberufe ambulant 3 (1997)

Burnard, P., P. Morrison: Forschen in der Pflege. Lambertus, Freiburg 1995

Canal, C.: Wickel und Auflagen als ergänzende Maßnahmen zur medikamentösen Therapie. Pflegezeitschrift 6 (1995)

Egli, J., J. Emmenegger: Felix und Lea. Selbstverlag, Hofstetten 1996

Egli, J., J. Emmenegger: Förderung der Eigenheilkräfte. Selbstverlag, Hofstetten 1996

Eichler, E.: Wickel und Auflagen. Verein f. ein erw. Heilwesen, Bad Liebenzell 1991

Floto, G., V. Vogler: Natürliche Behandlung von Kinderkrankheiten. Ravensburger Spieleverlag, Ravensburg 1997

Georg, J.: Die Zwiebel. In Pflegekalender 97. Ullstein Mosby, Wiesbaden 1996

Georg, J.. Wadenwickel unter der Lupe. In Pflegekalender 96. Ullstein Mosby, Wiesbaden 1995

Georg, J.: Wohlig warme, wohltuende Wikkel. In Pflegekalender 96. Ullstein Mosby, Wiesbaden 1995

Georg, J.. Wickel und Auflagen. Pflege aktuell 1 (1995)

Gillert, O., W. Rulffs: Hydrotherapie und Balneotherapie. Pflaum, München 1990

Glöckler, M., W. Göbel: Kindersprechstunde. Urachhaus, Stuttgart 1987

Hammerer, M.: Ölauflagen mit ätherischem Lavendelöl. Pflege aktuell 11 (1994)

Heine, R., F. Bay: Pflege als Gestaltungsaufgabe. Hippokrates, Stuttgart 1995

Kliniken Ludwigsburg – Bietigheim: Damit der Schmerz erträglich wird . In Schmerzbroschüre. Kliniken Ludwigsburg-Bietigheim, Ludwigsburg

Kneipp Bund: Kneipp-Anwendungen. Kneipp, Bad Wörishofen 1995

Kröker, C.: Wickel, Kataplasmen und Umschläge. Die Schwester, der Pfleger 5 (1989)

Kusserow, M.: Äußere Anwendungen in der anthroposophisch erweiterten Medizin. Korrespondenzblätter für Ärzte 133 (1992)

Lange, P.: Hausmittel für Kinder. rororo, Reinbek 1993

Michallik, F., A. Feiler: Aromatherapie. Kreativ-Verlag, Saarlouis 1996

Muck, H.: Der Kohl in der äußeren Anwendung. Rundbrief Ostern (1994)

Pahlow, M.: Das große Buch der Heilpflanzen. Gräfe & Unzer, München 1993

Reich, U.: Quarkwickel. Pflege aktuell 1 (1995)

Rückert, A.: Das Handbuch der Hauswickel. Falken, Niedernhausen 1997

Sitzmann, F.: Pflegehandbuch Herdecke. Springer, Stuttgart 1997

Sonn, A.: Wadenwickel. Forum Sozialstation 44 (1988)

Sonn, A.: Quarkanwendungen. Forum Sozialstation 48 (1989)

Sonn, A.: Wickel und Auflagen – überlieferte Pflegemethoden neu erprobt. Krankenpflege 3 (1990)

Sonn, A.: Wickelmaterialien. Forum Sozialstation 50 (1990)

Sonn, A.: Natürliches für die Blase. Forum Sozialstation 55 (1991)

Sonn, A.: Kartoffelauflage. Forum Sozialstation 57 (1991)

Sonn, A.: Heilpflanzen-Fotokarten. Selbstverlag, Sonnenbühl 1992

Sonn, A.: Wickel bei Verstopfung. Forum Sozialstation 59 (1992)

Sonn, A.: Rohwolle. Forum Sozialstation 60 (1992)

Sonn, A.: Zwiebelauflage. Forum Sozialstation 61 (1992)

Sonn, A.: Der sanfte Weg. Forum Sozialstation 62 (1993)

Sonn, A.: Bienenwachskompresse. Forum Sozialstation 63 (1993)

Sonn, A.: Senfauflage. Forum Sozialstation 65 (1993)

Sonn, A.: Alte Hausmittel auf dem Prüfstand. Forum Sozialstation 67 (1994)

Sonn, A.: 12 Wickelposter. Unterrichtsposter 11 (1995)

Sonn, A.: Feucht-heiße Kompressen auf Bauch oder Kreuz. Wendepunkt 1 (1996)

Sonn, A.: Gutes für die Blase. Wendepunkt 2 (1996)

Sonn, A.: Kühlen und lindern mit Quark. Pflegen ambulant 3 (1996)

Sonn, A.: Mit Blüten, Kräutern & Essenzen. Pflegezeitschrift Sonderausgabe (1997)

Sonn, A.: Zitronenauflagen und Heilerdekompressen. Forum Sozialstation 90 (1998)

Sonn, A.: Meerrettichkompresse. Forum Sozialstation 91 (1998)

Stellmann, H. M.: Kinderkrankheiten natürlich behandeln. Gräfe & Unzer, München 1997

Tetenberg, V.: Heilerde. Naturheilkunde 3 (1994)

Thüler, M.: Wohltuende Wickel. M. Thüler Verlag, Worb 1998

Uhlemayr, U.: Wickel & Co. Gräfe & Unzer, München 1997

v. Benthem-van Beek Vallenhoven, A., S. Bos, W. Visser-Klein Lebbink, E. Houssaye-Lievegoed: Krankenpflege zu Hause. Freies Geistesleben, Stuttgart 1996

Vasey, C.: Sanft Heilen mit Wickeln und Kompressen. Midena, Aarau 1995

Vonarburg, B.: Heublumen – das Morphium der Naturheilkunde. Natur & Heilen 7 (1991)

Weiss, R. F., V. Fintelmann: Lehrbuch der Phytotherapie. Hippokrates, Stuttgart 1997

Zegelin, A.: Alles Quark? Die Schwester, der Pfleger 3 (1997)

Befestigungsmöglichkeiten auf einen Blick . . .

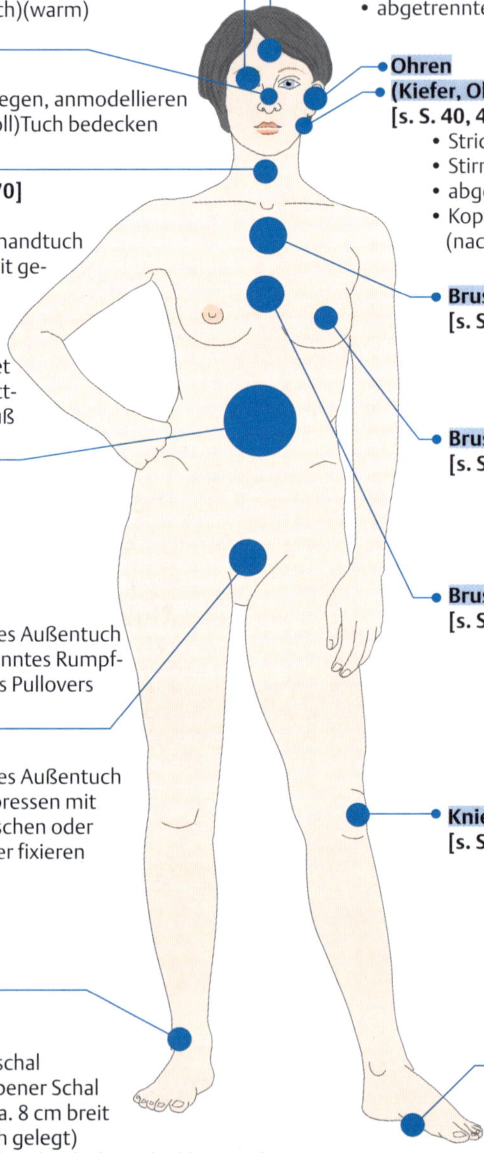

Augen
[s. S. 32]
- nur auflegen (kühl)
- zusätzlich lose abdecken (Wolltuch)(warm)

Nase
[s. S. 32]
- nur auflegen, anmodellieren
- mit (Woll)Tuch bedecken

Hals
[s. S. 60, 68, 70]
- Schal
- Frottierhandtuch (halsbreit gelegt)
- spez. Halswickelset mit Klettverschluß

Bauch (Oberbauch, Leberregion, Magen, Lenden, Unterbauch)
[s. S. 20 f.]
- zirkuläres Außentuch
- abgetrenntes Rumpfteil eines Pullovers

Blase
[s. S. 37]
- zirkuläres Außentuch
- Ölkompressen mit Netzhöschen oder Schlüpfer fixieren

Fußgelenk
[s. S. 19]
- Schal
  - Strickschal
  - gewobener Schal (längs ca. 8 cm breit mehfach gelegt)
- Frottierhandtuch (fußgelenkbreit gelegt)
- dicke Wollsocken

Stirn
[s. S. 32]
- Stirnband
- Schal/Tuch
- abgetrennter Rollkragen

Ohren
(Kiefer, Ohrspeicheldrüse)
[s. S. 40, 46]
- Strickmütze zum Binden
- Stirnband, Ohren bedeckend
- abgetrennter Rollkragen
- Kopftuch, Wollschal (nach hinten geschlungen)

Brustbein-Zone
[s. S. 35 ff.]
- Leibchen aus einer Strumpfhose
- Netzverband

Brustdrüsen
[s. S. 67, 32]
- auflegen (ohne Befestigung)
- mit BH/Bustier fixieren

Brust
[s. S. 22, 42, 51 f.]
- zirkuläres Außentuch (Stecklaken, Badetuch, Wolltuch)

Kniegelenk
[s. S. 19]
- Schal
  - Strickschal
  - gewobener Schal: längs doppelt legen
- Frottierhandtuch (kniebreit gelegt)

Fußsohle
[s. S. 41, 70]
- Socken
- Dreieckstuch (Erste Hilfe-Verband)
- Schlauchverband